JN248636

この素晴らしき「気」の世界②

あなたは私　私はあなた

みんな繋がっている

清水義久（語り）
山崎佐弓（聞き書き）

風雲舎

（刊行に寄せて）

「びっくり現象はサシスセソ」

矢山　利彦

この本を手にされた〝あなた〟はラッキーです。勉強し、実践すればきっと運命がいい方向に変わるでしょう。それは生きることを形成していく、考え方の基本戦略が示されているからです。私は清水さんに小周天、大周天、密教の初歩は伝えましたが、本書は清水さんのオリジナルな考察がほとんどです。清水義久さん、また素晴らしい本を著してくれました。

一気に読んでウーンとうなっています。ここまで書けるあなたが少しうらやましい。振り返って自分を見ると、しがらみがついていることに気がつきます。そしてまた楽しく「気」で遊びましょうという清水さんのメッセージが伝わってきました。

私は外科医でしたが現在はバイオレゾナンス医学会という統合医療の学会を主宰し

ています。医学は人間を物質の集合—細胞の集合—臓器の集合とみる西洋医学から、近い将来、微細なエネルギーに注目した波動の医学にきっと変わっていくと思います。そしてその先に「意識の医学」とでも言うべき人間存在の本来の力に基づいた医学に変わっていくでしょう。本書を読んでいるとそんな未来予測が立ち上がってきます。

それにしてもなんという人間存在への信頼と賛歌がうたわれていることでしょう。ここには「できる人」ができるだけ「わかる」ように表現した、聞いたこともない貴重な情報が満載されています。しかし「わかる」ことのみを重要視してきた人には「わからない」という不快な感情が浮かんでくるはずです。人が「わかる」というのは新しい情報が自分の頭の中のファイル（情報の整理棚）に収まった時なのです。反対に知識のファイルを検索して、収納すべきファイルがないとき、「わからない」という内的な言葉が浮かんできます。その意味で本書は「わからない」ことだらけのように思えるかもしれません。

「できる」とは現象を発生させことができるという意味です。料理の作り方をレシピ本で読んでわかっても、「できる」ことにはなりません。

清水さんが再現性をもって「できる」ことを何のてらいも自慢もなく「できる」と述べておられることは、素直に読むと感じとれると思います。しかし「わからない」

という気持ちが湧いてくるのが現代の教育を受けた我々には当たり前です。
　そこで自作のノウハウを一つ提案します。名づけて「びっくり現象はサシスセソ」と言います。
「サ」はサスガー
「シ」は知らなかったー
「ス」はスゴーイ
「セ」は世界が広がります
「ソ」はソウナンダー
を言いながら読むことです。これは知らないことを感動をもって学ぶための合言葉となり、私はよく使っています。
　次に、清水さんと読者のみなさんに私の気の最近の研究を紹介しましょう。「ゼロのフィールドを使いこなす」という技法です。仏教では悟りの境地を「空」、道教では「無」と言いますが、この概念はいくら本でなぞっても「できる」ところまでいきません。そこで「空」と「無」を「ゼロのフィールド」という気のボールをつくる気功にしました。
　つくり方は、まず両手の間に気のボールをつくり、右手と左手を逆方向に回転して相反する気の渦を融合させるのです。くりかえしていると手が動きにくくなり、さらに続けていると呼吸が停止した胎息（胎児がするような毛穴呼吸）の状態になります。手の回転を縦の円、水平の円、正面の円の三軸にするとゼロのフィールドはさらに強力に進化していきます。このとき好きなマントラを唱えるとよいでしょう。空海大師の密教では「空」はナッシングではなく、無尽蔵の根元存在です。それを「阿字」と言います。この考えを式にすると0＝∞（ゼロイコール無限大）ということになります。本書には「人の心は具体的に一個しかない」と表現されています。密教では「一即一切、一切即一」という簡潔で強力な言葉になっています。気のボールをゼロのフィールドに進化させると、「空」や「無」が「できる」世界として見えてくると思います。

次に船井幸雄先生が本書に登場されますので一言。私も船井先生の教えを親しく受けました。その一つが「『本質生命体』にお願いすればいいんだよ」「そのとき、感謝と完了形で言うといいよ」です。これは願いを叶える極意。

これも「できる」と、わかってきます。「わかろう」としてもわかりません。「できてわかる」と、本質生命体は進化しているようだと思えてきます。そこで本質生命体に自ら進化していただくようお願いするということも可能となってきます。本書ではして、あっさりと紹介されています。

次に算命学について。私の親しい友人に、科学者で実業家で算命学の大家の五日市剛さんがいます。彼に、私の苦労もそろそろ終わるような気がするんだけど運勢を見てくださいと頼んだところ、「大きなパワーを持っているんだけれど、それに比例して大きな天中殺もあり、普通だったら大病するか挫折するか、ヘタをすると死んでいますねー。算命学のプロなら皆そう言うと思います」とのことでした。いろいろ苦労はあったけれど、何とか元気に生きてこられたのは、小周天と大周天という気功法を自分で創って天地の気を取り込むことを実践してきたからだと振り返ってそう思っています。読者のみなさまも実習されることをお勧めします。

とにかく、全編秘伝と極意のオンパレード。昔はこのような情報は「天機（天の秘密）」と言われ、「天機」を広くもらすことは厳禁されていたそうです、その意味で、「天機」を大切に温存されている方々には不遜と思われるかもしれませんが、人類が物質的価値の追究の次に精神的価値を追究し始めた現在において、必要で大切な情報が世の中に出てきたと考えることもできます。このような書を著わされた清水さんの学び、努力、勇気に敬服と感謝をいたします。

そのうちに、二人で「天機」を語り合ってみたいと思っています。

（ややま・としひこ　Y.H.C.矢山クリニック院長　バイオレゾナンス医学会理事長）

あなたは私　私はあなた……目次

カバー装丁……松沢　浩治（ダグハウス）
本文イラスト…………おかめ家　ゆう子

1・気の体

わたしといふ現象は
仮定された有機交流電燈の
ひとつの青い照明です

宮沢賢治「春と修羅」

幸せになるために

幸せな人ってどんな人だろう。元気があって、安心していて、愛する人や愛する家族があって、仕事もうまくいっていて、お金も十分あって、運が良くて、楽しんでいて——これがぼくたちの気功セミナーのテーマとなっている。ただ講義の内容は、神道の霊能的なものや、密教の念力や、西洋魔術などの座学が多い。体の気を練る気功法そのものは、失敗や不幸を解決して幸せになるためのスキルであるし、習練がいかに大切かも知っているが、実際に幸せを引き寄せるには、目に見えないエネルギーの体、「気の体」をまず学ぶべき内容とした。肉体という物質の体と共に存在している見えない「気の体」の働きは「幸せ」というテーマに直接関わっていて、人は古来から「気」の力をさまざまな分野で応用してきた。そこで気功の修練が改めて必要となってくる。

幸せになるために何が必要か。その原理がある。人間の体は「気」と切り離して考えることはできないし、生きていくことさえできない。元気な人は気のエネルギーに溢れているが、死んでしまった人にそのエネルギーはない。気は命そのものだからだ。

気の体の多重構造

こんな話がある。

二十世紀最大のチェリスト、パブロ・カザルス（一八七六〜一九七三）は平和活動家としても知られた演奏家だが、彼の精神も巨大だった。老年期のカザルスは何度か病いに襲われ、介護が必要な状態でコンサートを行なったことがある。カザルスは弱々しい体で登場し、どうにか椅子に座り、三十分間のバッハの演奏が始まった。それがどうだろう、みるみるうちに丸まった背筋が伸び、チェロを抱える姿はしっかりし、自由にのびのびと弓を引く。聴衆はその力強い演奏、美しい旋律に魅了された。老いたカザルスはもうそこにはなかった。演奏が終わると、にこやかにインタビューを受け、演奏前とは見違えるほど溌剌としている姿があった。

この不思議な現象の背後には、「気の体」という階層構造の原理が働いている。


人は肉体という物質でできているが、その肉体に重なって、気のエネルギーの層があり、それは多重構造をつくっている。

肉体の外にエーテル体と呼ばれる「気の体」があり、これは非物質で、「オーラ」と表現されている。ここは肉体を取り巻くエネルギーフィールドであり、厚みがあって、スピード良く流れている。いつも白いミストのようなものが渦巻いていて、沸騰しているヤカンから蒸気が流れているような感じだ。これは通常の知覚では認識できないが、焦点を遠くに合わせながら体の周りを見るような感じで視ると、分かる。オーラは命の輝きだ。健全な人生観を持っていて、元気なときに、このオーラは視える。体の周囲から三〇センチぐらいの厚みで、モワーっと熱を発している。このエネルギーが生命エネルギーだ。

生命はエネルギー現象である。いっぱいあったら元気になる。だから赤ちゃんの体温は高く、元気の象徴のようなものだ。生命エネルギーが少なくなるというのは老化現象である。だから老人の体温はおしなべて低い。生命エネルギーが失われたら「死亡」となり、体の熱そのものが失われる。つまり、エーテル体が失われることは死を意味する。

エーテル体の外側にあるのがアストラル体である。ここは感情とイメージでできており、心のフィールドであり、「心の体」とも言われる。ある種の液体でできたゼリーのようなもので、外側に行くにつれてミスト状に希薄になる。これもオーラとして視ることができるが、肉体とエーテル体よりも外へ大きくはみ出ていて、肉体を大きく包み込んでいる。つまり、アストラル体はエーテル体の外側にあり、肉体より容量が大きいので、肉体はこのアストラル体にコントロールされる。

アストラル体と肉体の間にあるエーテル体は両者を繋ぐ糊のような働きをしている。命がなくなると、エーテル体という糊も消えるから、アストラル体は肉体から分離し、幽体になる。つまり、今回の人生で育った心が肉体が死んだ後に残り、幽霊になったものだ。それが輪廻転生で新しい体にコピーされて混ざり、次の人生のアストラル体となる。だから、心が汚れたままで死ぬと、その心の汚れは幽体に残るわけだから、汚れを来世まで引きずることになる。

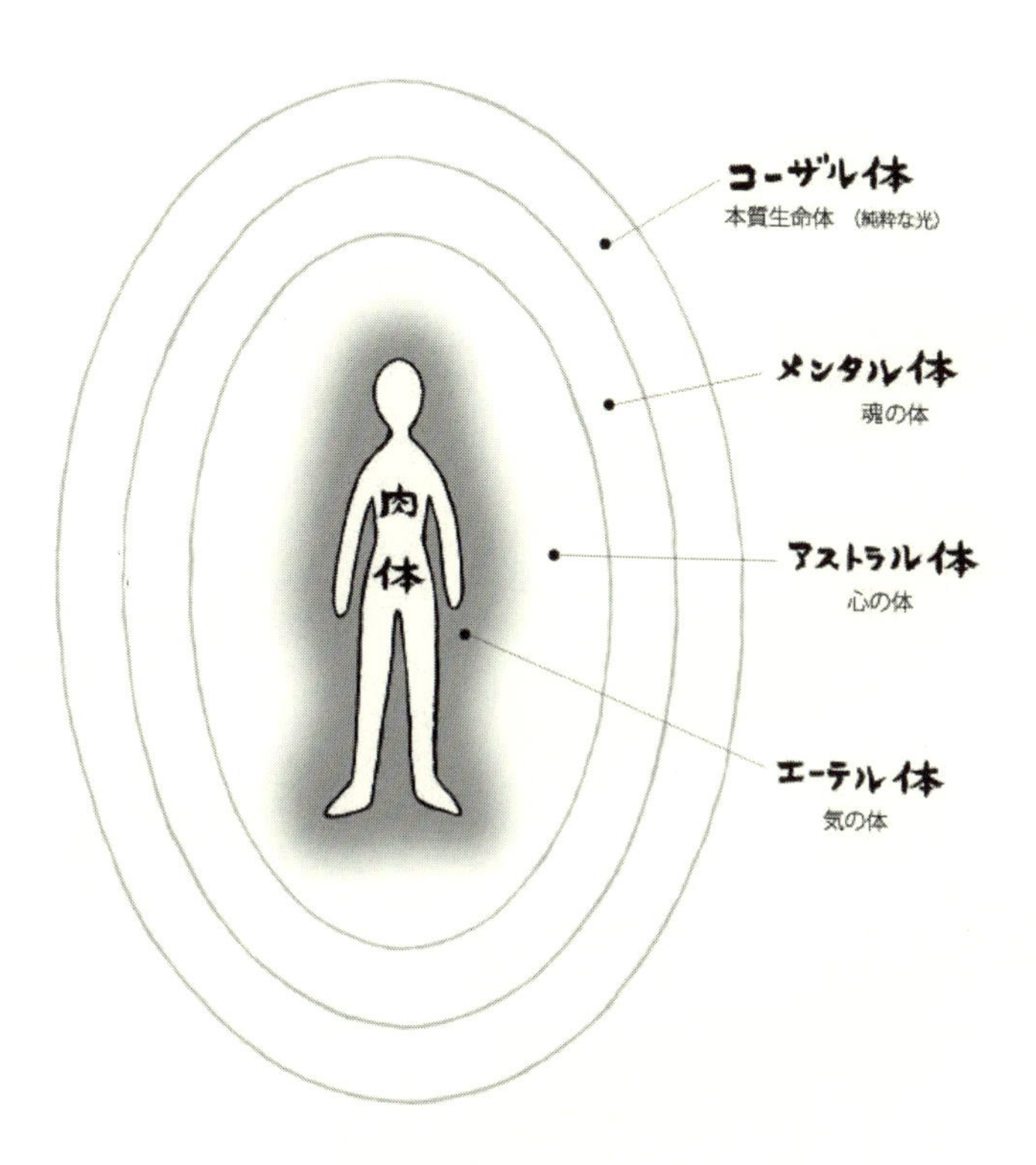
コーザル体
本質生命体 （純粋な光）
メンタル体
魂の体
アストラル体
心の体
エーテル体
気の体
肉体

人間の肉体は長くもっても百年ほどだが、アストラル体は長ければ七百年ほどに達する。ぼくたちはアストラル体という時空のなかで祖先と出会い、繋がっていく。彼らは自分の子孫を思い、慈しみ、守ろうとするわけだ。

そのもうひとつ上は魂の領域、メンタル体である。

メンタル体はアストラル体の外側を覆っていて、本質生命体と呼ばれる「コーザル体」のフィールドと結びつく。メンタル体は意志の力であり、思考と言葉で形成され、人間の魂を構成し、「魂の体」と呼ばれている。

メンタル体はまるで光が液体になったようなもので、粒子が細かく、どんなモノの中にも侵入してしまう。つまりあなたが発した言葉や意念は消えることなくその場に残る。しかしオーラとしては視ることはできない。メンタル体の形状は一定ではなく、人によってさまざまである。

その粒子は、この世に一万五千年くらい残存するようだと船井幸雄先生は話されていた。ぼくは、唐招提寺の戒壇院で鑑真(がんじん)の仏法伝授のエネルギーの痕跡を感じたことがあった。高野山に行くと、ぼくたちはあの空間のあちこちで空海さんが行をしたエネルギーを感知することができる。

メンタル体（魂）はアストラル体（心）をコントロールする。思考と言葉、意思の力が「魂の体」となり、それが心をコントロールし、心が肉体をコントロールするという構造になっている。

あなたが考えていることはいつも外に出る。粒子となって、空間を漂ったり、物質にへばりついたり、ほかの人にとり憑いたりと、いろいろな形で自分を表現しようとする。だから、あなたの考え方ひとつが、次の瞬間に不幸あるいは幸せを用意するばかりではなく、未来をも決定する。

人は普段の生活の中で取り乱したり、困ったり、心配するような出来事にさらされながら、挙句の果てに自分の感情を立ち上げる。テレビやインターネットに、つまり世間の動きに同調しているあなたは、災害や事件や戦争など嫌なニュースにまみれ、脳が汚れ、ネガティブな言語はネガティブな思考を引き起こす。そんなものを見聞きしては心配し、嫌な感情を立ち上げては心を汚している。

例えば、思考レベルで「あれは嫌いだ」と考える。それが言葉として生まれると心は嫌な感情を立ち上げて、マイナスのエネルギーが発生する。マイナスエネルギーで汚染された気の体は物質レベルへと汚れていく。オーラはその毒ガスで汚れてくる。その毒ガスを吸い込まないように目に見えない体の器官が働く。それはチャクラという宇宙エネルギーを吸い込む器官だが、これ以上自分のオーラが汚れないようにと感知するとチャクラが閉じる。つまり、エネルギーの汚れはチャクラの場の汚れから始まり、内側、肉体へと向かっていく。

最終的に汚れたチャクラに応じた肉体がクラッシュし、病気となって現われる。

反対に、明るい考えを持つことであなたがメンタル体を輝かせると、あなたの運命は変わる。安心したり、感動したり、嬉しくなったり、楽しくなったり……こういう気分でいると、チャクラは活性化され、オーラは輝き、ポジティブなエネルギーが溢れ、外部からも引き寄せられて体は元気になる。チャクラが活性化すると、宇宙のエネルギーをたくさん吸い込むので、あなたの運も良くなってくる。

つまり、あなたの頭の中にあるすべての思考と思いは、まぎれもなくあなたに影響を与えているということだ。それはあなたを苦しめたり不幸にしたりするが、逆に幸せにも、元気にもする。

肉体をエーテル体（気）がとりまき、その上をアストラル体（心）が覆い、さらにその上にメンタル体（魂）がある。肉体はこの階層構造で常に支配されている、と言える。

カザルスにとって、聴衆の前でチェロを弾く行為は魂を充実させるものだった。彼の意念によってメンタル体にエネルギーがチャージされる。するとメンタル体からエネルギーが溢れ、アストラル体に下りていき、心が活性化される。心が生き生きしてくると、アストラル体からエネルギーが溢れ、エーテル体、肉体に流れる。最終的に肉体が活性化されて元気になる。チェロを演奏することは物理的にエネルギーを消耗させることではあるが、それ以上のエネルギーがメンタル体からアストラル体へ、アストラル体からエーテル体、肉体へ流れ下りるという現象が起きている。

さて、メンタル体の上位にあり、物質とはいえない世界の次元にあるのがコーザル体だ。ここが人間の本質の部分で、船井先生はこれを「本質生命体」と言った。人の中には神様がいて、あなたの中に宇宙の真理が入っていると思ってもらいたい。ブッダやキリストや聖母マリアでもいい。ハイヤーセルフ、内なる神でもいい。その神聖なレベルをコーザル体という。コーザル体は神仏のレベルで、魂の構造として永遠に存在している。

神様は何でもできる。人間が願ったことはこのコーザル体の次元と繋がることで、なんとでもなる。

内なる神様に愛されるマントラがある。いつでも、どこでも、なんにでも効く極上のノウハウで、船井幸雄先生と矢山利彦先生に教えていただいた。

「良い人間になります。ありがとうございました」

これを三回唱えればよい。その瞬間、問題だったマイナス反応が消えてしまう。これはO－リングテストや筋反射テストの結果でも分かる。

例えば、あなたの手から出るエネルギーは、自分と神様を繋ぐ、と思えれば最高だ。そこから人間の限界を超える能力が始まる。

エネルギーボールをつくる

ぼくは、長く修練して培ってきたさまざまな気功の能力やエネルギーをデータとして、見えない世界の空間にファイル化して保存している。コンピュータのシステムをイメージすると分かりやすいのだが、この方法は、自分が得た能力やエネルギーをファイルに入れて保存する感覚と似ている。ファイルの呼び出しコード・ネームもちゃんとつけてある。

セミナーで、「気のボール」というファイルを呼び出して、そのデータを全員のエネルギーの体に「ファイルをコピー、転送」と入れる。いわゆるインストールだ。いわば能力の伝授だが、時間にしたら数秒もかからない。磁気テープに波動をコピーする仕組みと似ている。気功の鍛錬のない人でも、「気のボール」をつくることができると分かったので、以来、「そんなこと自分にはできない」という思い込みを外すようにみんなに伝えてきた。それを何度か繰り返して練習すると、安定し、いつでもできるようになる。

こんな理屈だ。ポジティブエネルギーを閉じこめた空間、完全球体を手の中でつくり、そのエネルギーをさらに活性化させて濃密なポジティブエネルギー空間をつくる。そのボールを体の痛いところに当てたり、ボールの中に自分が想像した対象を感じたりすることで、さまざまな効果が得られる。エネルギーには同量のプラスとマイナスで相殺するという等価交換の法則があるから、この原理を働かせる。マイナスが消えてプラスのエネルギーになるまで続ければいい。プラスになった状態は、手が温かく感じるので分かる。

目を閉じて、合掌し、

「手からエネルギーが出る、手からエネルギーが出る、手からエネルギーが出る」

と言う（内言、心の中でつぶやいてもいい）。

そうして手のひらの感触を意識すると、ピリピリしたり、モワーっとしたりして、温かくなるのを感じてくる。目を開けて、ゆっくり両手を十五センチぐらい離し、手と手の間の空気を感じられるように近づけたり離したりする。それぞれの手からレーザー光線の束が出ているイメージ。次に手の中の空気の塊を指でコネコネしたり、手をクロスさせたりして、グレープフルーツ大の空気のおにぎりをつくる。

「エネルギーボールになれ、光り輝け」

光り輝いたボールをイメージし、これでエネルギーボールが完成する。

このエネルギーボールはただ持っているだけでも癒されるが、ぼくたちはこれを使っていろいろな気の操作をする。

例えば、これを自分の身体の痛い所に入れてみる。「マイナス消滅、エネルギーチャージ」と言う。すると自然治癒力が高まって、痛いところが改善する方向に行く。

自分自身が小さくなってボールの中に入ることもできる。自分を指差し、次にボールを指差し、「私がこの中に入った」とつぶやき、ボールをそのまま温め、「マイナス消滅、エネルギーチャージ」と唱える。すると、あなたの周りに気のバリアができる。

そのボールを天に放り投げ、行方を天に任せる。あるいは自分の体内に入れる。

最後は収功という動作で終える。手を組んで、「やめた」と言い、組んだ手を下に振りながら、「フッ」と息を吐く。これは現実の世界へ戻る儀式なので、必ずやってほしい。すばやく通常のモードに戻ることで、マニフェステーション（具現化）が早まる。

エネルギーボールをつくる原理にはおもしろいシステムが働いている。神仏をこの世に表すには、無限や永遠、完全性をモデル化すればよい。それを表現したのが「球体」だ。人間は完全球体を手にすると、自分自身が神にシフトするような状態になれるのだ。なぜなら手の中のボールが共鳴現象を起こし、パーフェクトワールドを引き寄せる舞台となるからだ。完璧な世界を創るのは神のみだが、その無限のエネルギーを自分の手の中から出してその舞台を用意する。この原理が分かると、世界は限りなく広がり、ぼくたちは限界を超えることができる。

気功の本家中国では、太極拳を生んだ武当派に「気を抱くボール」というアイディアはあったが、「エネルギーボール」をつくるという考えはまったくなかった。「エネルギーボール」をつくって、小周天を外から巡らすというアイディアを生み出したのは矢山利彦先生だ。ぼくたちは当たり前のようにエネルギーボールを使っているが、この考えがなかったら、気功ばかりでなく、「気」そのものの認識も違っていただろう。

2・気と命

風とゆききし　雲からエネルギーをとれ

「農民芸術概論綱要」

ただ存在するだけでいい

エネルギーにはプラス（＋）のエネルギーとマイナス（－）のエネルギーがある。プラスのエネルギーとマイナスのエネルギーは会計帳簿と同じで、利益と損失、プラスとマイナスで相殺する。

人間は体と心からエネルギーを発している。赤ん坊一人ひとりは、それぞれの運命としてそれ相当のプラスのエネルギーを持って生まれてくる。生きて活動し、やがて老化して死んでいく。プラスのエネルギーを使い果たしたということだ。つまり、エネルギーのタンクがマイナスの側に傾いたとき、死が訪れる。
あなたが今、ここにいるということは、あなたのエネルギーのタンクはプラスになっているということだ。末期のガンで嘆こうが、多額の借金があろうが、どんな不幸に会おうが、生命の灯火が消えていない。エネルギーの帳簿は必ずプラスになっている。

ほんの少しでもプラスになっていなければ、人は生きていない。マイナスのほうが少しでも多ければ、死んでいるからだ。だから、生きて存在していることはそれだけで、何もしなくても、生命エネルギーがプラスということなのである。そしてプラスの存在はプラスのエネルギーを引き寄せ、プラスの現象をつくる。マイナスは相殺されるものだから現象としては生じにくい。幸せ、元気、愛、豊かさを生み、増やしていくプラスの現象は生命にとってナチュラルなのだ。ゆえに不幸は間違いにすぎない。

死んだ人が生き返った

いまから二十年以上も前のことだが、ぼくは手かざしで、死んだ人を生き返らせたことがあった。当時、気功法を学んで教えるようになってはいたが、自分の気功能力はそれほどではなかったと思う。小周天気功法はできていたけれど、大周天気功法は完全にはできていなかったし、十二経絡（体の気血の通り道）に気を通すことはできたけれど、他人のチャクラを開けることがまだできなかった。こんなぼくが死後硬直していた人間に気を送り、気を通して、生き返らせたのだ。

父が倒れ、ぼくが気がついたときは、すでに息が止まっていた。いつそうなったか分からなかったが、救急車を呼ぶと、救急隊員は「もう死んでいるから運ばない」と言う。なんとか説得し、病院に着いたときはすでに一時間以上たっていた。父はカウンターショックを受け、心電図の平坦な波形が心室細動の状態に変化したが、自発呼吸もなく、気管挿管され、人工心肺装置が付けられた。医者は、心室細動の波動は電気の余波で起きているだけで、心臓に血液を送っている状態ではないという。波形が完全に一直線になったら死亡となるわけだが、医者は死亡診断書は「まだ書けない」と言いながら、じきにそうなるという口振りだった。すでに肉体は硬直し、瞳孔が開いていた。足裏に針を刺すテストをしても反射の動きもまったくなかった。

お別れの挨拶のつもりで父の胸にぼくの手を置いた。するととんでもないことが起きた。心電図の針が動いたのだ。あり得ないと思ったが、年の暮れで正月に葬式を出すのも大変なので、せめて正月が明けるまで生きていてもらえたらいいという不純な動機もあってヒーリングを続けた。

頭頂から中脈（体の中心）へ、中脈から両足へと気を通し、足裏の湧泉へ抜けるルートと、体の周りに気の流れをつくるルートに気を夜通し送り続けた。そのうち心電図に動きが見られ、心臓だけはなんとか動き出し、死んだ状態から抜け出した。とはいっても脳死状態なので、いつ心臓が止まるか分からない。

とりあえず心臓だけは動いていたが、肉体の硬直が起こっていたので目を閉じることもできないままだった。見開いた眼球は日ごとに乾いていく。二週間もたつと白目の部分は焦げ茶色になり、眼球は梅干しのように潰れた感じになっていた。体も硬直したままだった。

ぼくは気エネルギーを送り続けた。そうして一カ月がたち、あろうことか父は奇跡的に意識を取り戻した。一カ月間の人工心肺装置で生かされていたわけだが、植物人間にもならず、この世にちゃんと戻ってきた。

最初、脳をCTスキャンすると真っ黒の画像で何も映らなかった。数週間後に蘇生したらCTに映るようにはなったが、脳がひどく収縮していて、この状態では健全な脳機能は見込めないと思われていた。それがヒーリングを続けていくと、徐々に正常な脳に回復していった。、それまで糖尿病を患っていて、腎臓の人工透析を週三回受けていたのだが、この深昏睡の期間中は血液が巡っていないので透析装置に血液を送ることができず、心臓が動き出す数週間は透析ができないでいた。常識的に考えると、その間は老廃物が除去できず、おしっこも出ていない状態なのだから、尿毒症で死んでもおかしくなかった。

煮干のように干からびて萎縮した眼球が元に戻るのに長いことかかったが、それもちゃんと再生し、視力も取り戻した。

父の意識が戻ると、これはこれで大変で、一種の痴呆状態なので夜中に起き出したりする。病院から、骨折でもしたら大変なので夜間は付き添ってくれといわれたので、夜間の介護はぼくがずっと務めることになった。昼間は働き、夜は介護という、睡眠がほとんど取れない状況だったが、これを乗り越えることができたのも気功のおかげだった。ぼくは自ら気功をしながら、生命エネルギーを得て体調を整え、過労で倒れることもなく父を介護し、昼間もちゃんと仕事をすることができた。

結局退院までに半年以上かかったが、これは本当に奇跡的なことだったと思う。

エネルギーがプラスなら「生」、マイナスなら「死」

この体験で、ぼくのブロックが大きく外れた。

この経験がなかったら、いまこうして気功の教師をやっていないと思う。この経験があったからこそ、気の原理を追求し、これを仕事として行ない、その力を人類に還元し、技術とセオリーを残していくことが自分の役目だと思ったのだ。

聖者や悟りを開いた人なら、死んだ人を生き返らせることは可能かもしれない。イエスもブッダもそういう奇跡を起こしている。死者を蘇らせた話を文献でいろいろ調べてみたが、どれもヒマラヤ聖者のような立派な人ばかりだった。しかしぼくは聖者でもないし、悟りなんてほど遠かったし、そのころ実は神様さえも信じていなかった。高い精神性なんて持ち合わせていなかったし、親孝行者でもなかったし、きれいな看護婦さんを見ればときめく――単に気功を追求していただけの普通の人間だった。だから逆に、これは誰にでも可能な原理や法則がそこに隠れているのではないかと気がついた。生命エネルギーが十二分にチャージされると、体は整い、病は治るということに。自分の人間性や能力のレベルを思うと、蘇生という奇跡が可能になる原理や法則、その方法が存在しなければ、こんなことが起きるわけはない。

次にこんな体験をした。正確に言うと、死者を蘇らせた話ではない。

病院で死亡宣告を受けたばかりの人がいて、なんとかならないかと言われ、手かざしをした。すると、心電図の波が振れ出した。これはひょっとすると生き返るかもと思い、しばらくやっていた。長いことやってもそれ以上の大きな変化が起きないので、一旦手かざしをやめてみた。すると心電図の波はピタッと止む。あわててまた手かざしをする。また心電図に波が現われる。これを何度か繰り返すうち、この人はすでに亡くなっていて、単なる物体になっているという感じだった。彼の体にエネルギーを送っても、エネルギーはだだ漏れ状態になってしまい、彼には生命エネルギーを保存する力がもうなくなっていたのだろうと。

それで思ったのは、古代人が考えたような単純なアイディアなのだが、生き物にはこのエネルギーが入っていて、それを保っている間は生きている。このエネルギーの一定量を維持できなければ死んでいる。つまり、生き物の素材である有機物はただの物体にすぎず、その物体にある一定量の生命をつくる素粒子がチャージされると、命のエネルギーに変わるのだ。しかし、その素粒子がそこからどんどん抜けていって、ある一定量がチャージできず保存できないと、単なる物体、つまり死体になる。

エネルギーの量がプラスかマイナスのどちらに傾くかで、生死の分かれ道になるということだが、エネルギーがいっぱいそこに注ぎ込まれ、しばらく保つことができれば、死んだ状態でさえも再生する可能性があるということだ。

アズライト——生命エネルギーをもった岩石

命の素粒子がいっぱい集まると生命エネルギーとなる。この生命エネルギーの一定量がチャージされ保存されると、その物質は命をもつ。つまり生き物に変わる。ただし、普通は生命エネルギーが入るのは有機体に限られているけれど、なかには無機物の中にたくさんの生命エネルギーが入った生き物のような存在が発見されている。水晶やアズライトという岩石だ。

アズライトは有機物ではなく、無機物にエネルギーをチャージして、独立した主体性を持つほどエネルギーが高まった生き物である。本来は有機物に入るエネルギーが無機物に大量にチャージされたのだが、植物にならずに石のままの姿を保った。

アズライト君は、こんなふうに言ったのだろう。

「おれさあ、生き物にならなくてもいいよ。石のままでいいよ」

二十世紀の最大の予言者といわれるアメリカのエドガー・ケイシー（一八七七〜一九四五）は、このアズライトを「歌う石、喋る石」と呼んで、特別な存在として扱った。

「手の中に五〜十分ほど持ってから、外して置き直し、その石が発する振動を聞くこ

とができる」（edgercayce.org「TEXT OF READING」440-11）
石に意識を向けると、石の声を聞くことができるという。古代文明では、神聖な石として祈祷や予言に使われた。
アズライトは、浄化する力が強いので、身につけたりして、いろいろ活用できる。また、生命体だと思って扱うと、さらにエネルギーが強まるのが分かる。

命はただ存在するだけで価値がある。これは気功をやっているぼくたちの世界観に通じる。
命があるだけで、そのオーラはしっかり存在し、輝いている。あなたが病気になって不自由があっても、失敗しても、あるいは何もしなくても、あなたの体の中ではすごいことが行なわれている。それは、その命が生きている、輝いているという現象だ。その輝きは、一日一日、命が尽きる日まで、あなたの体から発していて消えることはない。

３・チャクラはあなたの命を守っている

わたくしから見えるのは
やっぱりきれいな青ぞらと
すきとほった風ばかりです

「疾中」

チャクラの働き

ヨガナンダがこう言った。

精神修行はサーカスではない。オーラが見えて、光の輪が見えたからといって、こだわる必要はない。見えるとか見えないとか、できるとかできないとか、そういうことはサーカスと一緒だ、と。

大事なのはコンセプトだ。あなたが自分の中で絶対的な幸福と出会い、絶対的な自由を獲得し、内なる神を目覚めさせ、何でもできる自分に出会えることだ。そのためには、七つのチャクラが開く必要がある。それは願いごとが叶えられることが必要なのではなく、神様と一緒に生きていくことをギフトだと思えることだ。

宇宙で一番プラスのエネルギーを放っている存在は生命現象であり、これ以上に輝くものはない。これ以上に上質なエネルギーはない。命こそがこの世で一番輝けるオーラだ。そのオーラを活性化させるのがチャクラの働きである。チャクラという言葉は、サンスクリット語で、「車輪」「回る」を意味する。ハタ・ヨーガの古典『シバ・サンヒタ（Shiva Samhita）』ではパドマ（蓮華）と呼ばれ、七つの蓮華についての記述がある。道教には丹田という概念があり、近代神智学では霊的な身体論のなかでチャクラの存在が論じられている。

チャクラとはいったいどんな働きをしているのか。ひと言で言うと、宇宙エネルギーを吸い込み、変換する。チャクラが働かなかったら、人間は太陽から出ているすべての光線を吸収できない。可視光線は吸収できるが、それはすべての光線の四割でしかなく、残りを捨てることになる。それではもったいない。残りの六割を吸収し、生命現象として利用する。その装置がチャクラの役目だ。七つのチャクラは、目に見えない太陽のスペクトルを吸収するためにあり、目に見えない循環システムとして働き、その一つひとつが虹の七色と対応する。

大事なことは、チャクラから外へエネルギーが出されると、その力で願いごとが叶うということだ。だから、幸せになりたければ、その願いをただそこに置けばいい。いい感情といい思考をいっぱいつくったら、つまり七つのチャクラからいつもいいエネルギーが出るようになったら、チャクラは閉じなくなり、オーラが溢れ、いい運命を創っていく。

幼い頃にはみんなのチャクラは開いていた。前のことも思い出さないし、先のことも心配しないで、目一杯、今のことに夢中だったからだ。大人はあれこれと考えて、ゼラチン質の感情とガス状の思考を出して、自分で毒をつくり出す。それは邪気となってエネルギーの交換器であるチャクラに帯電するから、チャクラは自分の中にその毒ガスが戻ってこないように閉じるしかない。チャクラが閉じるのは自分を守るためだ。チャクラがひどく汚れると、各チャクラの働きと対応した病気が出てくるわけだが、逆にいえば、病気の内容や部位から、特定のチャクラとの関連を知ることができる。

チャクラは七年周期で成長する

チャクラはどのように成長するのか。

人間は、七年ごとに成長していくそれぞれの目的がある。この七年ごとの周期は、人体の七つのチャクラのシステムの発達と連動している。最初の七年間で第一チャクラでエネルギーがチャージされ、次の七年間で第二チャクラが、さらに次の七年間で第三チャクラがと、最終の第七チャクラまでエネルギーがチャージされ発達していく。それぞれのチャクラの働きが完成するにはそれぞれ七年必要なので、七つのチャクラが全部チャージされ、覚醒するには、四十九年（7×7＝49）必要となる。人生五十年というが、つまり人間は五十歳にして完成するということだ。

第一チャクラ（ムラダーラ・チャクラ）関元（かんげん）（仙骨）

○歳〜七歳――「私は生きていてもいいの？」

大人になったのに、生きていていいのだろうかと疑問に思ったり、それが哲学的命題になったりするのは、この最初の七年間に何らかの障害を持っていることが多い。

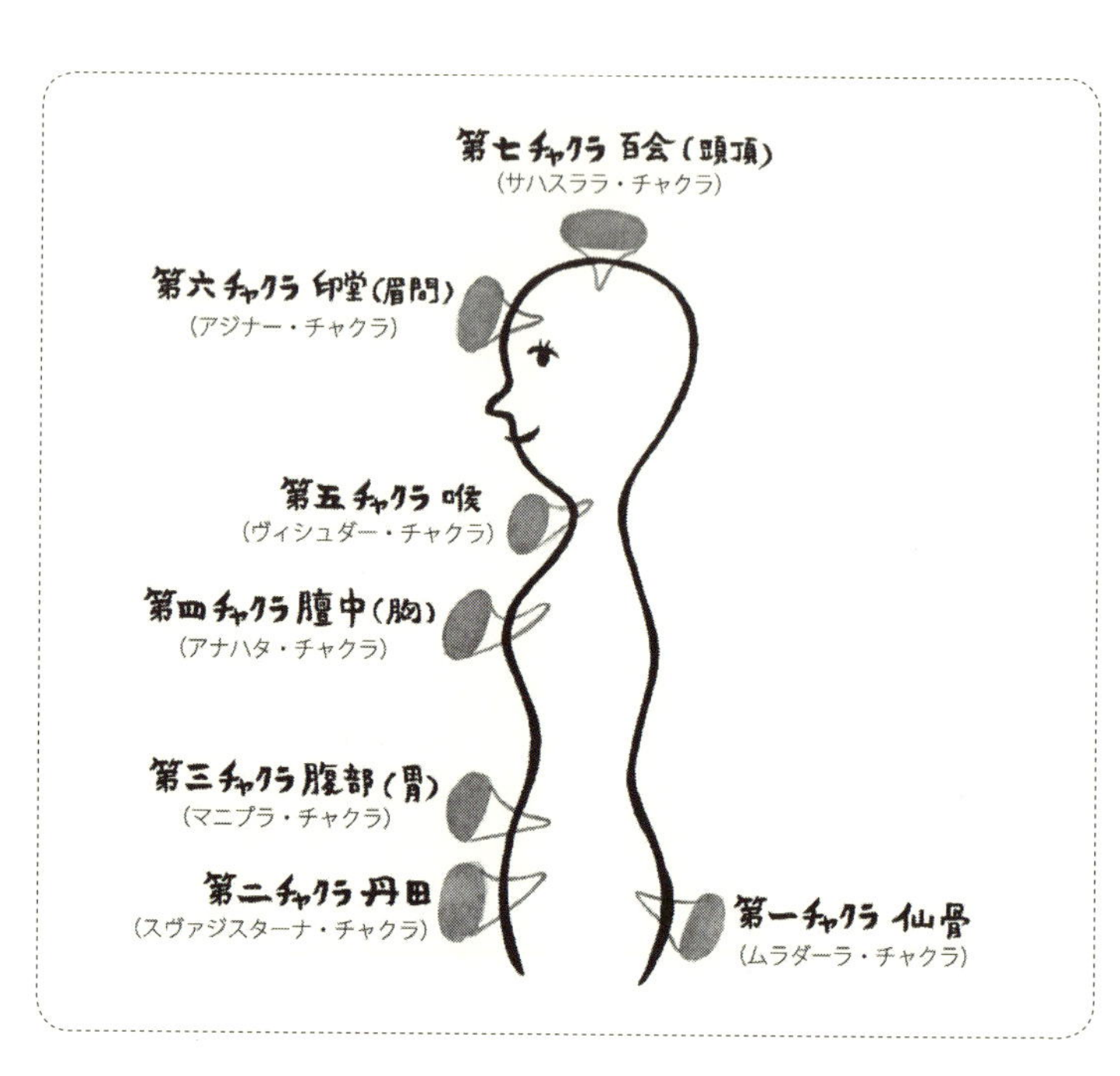

それは仙骨の歪みとして現われる。

つまりこの時期、あなたを取り巻く環境が健全でなかったということだ。親から虐待を受けたり、周りの人からいじわるされたり、子どもらしい思いを持つことができなかったり、無邪気に遊ぶことができなかったり……。

この時代は、心と個性が発生し、自我が芽生え、人間としての根源的な力を養っていく。これが地のエネルギーで、しっかりと人生に根付いていく力となる。

ムラダーラ・チャクラは仙骨の位置にあるが、ここが活性化されると、行動力という基本能力を獲得する。さらにここが覚醒することで、動じない心が養われる。仕事をうまくやる、社会的リーダーとなる、自己主張ができる――この力は現世と関係性を持つ。ネガティブに働くと、頑固で意固地で、わがままな人間になる。

共振する色は赤。

連動する病気は大腸疾患、下肢疾患、座骨神経痛、骨の疾患など。

第二チャクラ（スヴァジスターナ・チャクラ）丹田（たんでん）（下腹部）

七歳～十四歳――「ここはどこ？ 私はだれ？」

この時代は、対人関係のコミュニケーションをとりながら、学校で友だちや先生と出会い、遊び仲間をつくり、「セルフ」の基本となる自我をつくっていく。だから、いじめなどでセルフが歪んでしまうと、ビビリになったり、逆に攻撃性を発揮したり、嫌な奴になったり、あるいは被害者のままになったりする。

○歳から七歳のままの情報を持った無意識が潜在意識となり、七歳から十四歳までの経験が自我を形成し、顕在意識となり、あなたのセルフの情報のメインフレームをつくる。これは、その後のあなたの人生すべてに影響していく自我の根拠だ。つまり、あなたの今の性格や人格はこの時代の振る舞い方で決められる。

人が成長していくサイクルで、十四歳という年齢は大きなターニングポインだ。

こういうしくみがある。人は生まれたとき、前世の自分の幽体、感情のエネルギー体が残っていて、七歳まではこれが支配している。その上に、今回の両親からもらった肉体と心、つまり赤ん坊のときからつくられてきた「私」がだんだんと育っていく。この新品の「私」に、前世の自分のエネルギーがダウンロードされて、前世からのデータと、これまで身につけてきた七歳までの記憶と感情がうまくブレンドされる。ブレンドは十四歳までに完了し、少年少女期の終わりを迎える。これが十四歳という年齢の秘密である。

肉体的には、第二次性徴期の声変わりや生殖器の成熟が始まり、子どもの体から大人の体へと変化が著しく現われてくる。自分がすごく揺れ動かされているといった不安感や、何をやっていいか分からない焦燥感は、自己否定と親への反抗となり、いろいろなことが起きてしまう。しかし、一方では、両親からもらった肉体と、前世からの感情と記憶を受け入れられる私になる。

だから実は、反抗期は両親や社会への反抗ではない。その中に隠されているのは、自分の前世のデータに対する違和感——私はこんな人間じゃない、こんなことは受け入れたくない、という居心地の悪さの表現である。反抗は社会や両親や勉強などに向いているように見えながら、自我の中で前世のカルマと融合し、乗り越えていこうとする現象だ。

だから反抗期が生まれていないというのは、まずいことなのだ。

友だちを大事にしたり、初恋をしたり、自分以外の人間に愛や友情を感じ出して、受け入れられる余地ができてくると、他者への共感・同調を育くみ、しっかりしたアストラル体ができていく。その結果、丹田（下腹部）にある第二チャクラ（スヴァジスターナ・チャクラ）が活性化され、元気と精力を獲得する。

セクシャリティと前世の無意識のカルマへの拒絶は、このチャクラに連動した病気を引き起こす。

共振する色はオレンジ色。

連動する病気は腰痛、婦人科・泌尿器系疾患など。

第三チャクラ（マニプラ・チャクラ）中脘（ちゅうかん）（お腹・胃）

十四歳～二十一歳――「なにをやったらいいの？」

「十八までは暴走族やってましたけど、もう自分は大人なんで……」と、急に言い出したりして、嫌いな社会を受け入れ出す。思い当たる人もいるだろう。

この世の中には守るべきルールと果たすべき義務があるということを、この二十一歳という年齢で気づかなければならない。知恵を持ち、パブリックな意識に目覚め、法的責任感に気づき、それを理解することで、マニプラ・チャクラが活性化され、社会生活に適応する力を獲得する。肉体のオーラが心のエネルギー体（アストラル体）と完全に結びつき、そこへ意志を持ったメンタル体が完全に重なり、こうして大人のあなたが完成する。法律では大人になるのは十八歳だが、本当は二十一歳だ。

このチャクラは、胃と密接な関係があり、吸収する力とも言われる。さまざまな情報をキャッチできるテレパシーの能力、予知能力と関係している。

共振する色は黄色。

連動する病気は胃炎、大腸炎などの消化器系疾患、膵臓、肝臓疾患、糖尿病など。

第四チャクラ（アナハタ・チャクラ）膻中（だんちゅう）（胸）
二十一歳～二十八歳――「私はだれにも愛されていません」
この時代は愛情がテーマとなる。「あなたを愛します」という対象を見つけ、またその対象を受け入れることを学ぶ。やがて仕事や家庭へと展開する。これで生きる理由が生まれ、人生をより深めていく。

人を愛し、人に愛され、人を許し、信頼することを学ぶことで、胸にある膻中のツボ（身体の中心線と左右の乳首を結んだ線が交差する場所）が活性化される。

このチャクラからエネルギーを出して共振することで、念力が使える。

共振する色は緑。

連動する病気は心臓疾患、肺・呼吸器系疾患、血圧、猫背など。

第五チャクラ（ヴィシュダー・チャクラ）天突（てんとつ）（喉）

二十八歳～三十五歳――「人間関係は嫌いだ」

社会人として自己を発揮し、自分という人間（キャラクター）をきちんと身につけられるかがこの時代のテーマだ。

人間関係が複雑化して、対人関係に悩み、「渡る世間は鬼ばかり」となると、このストレスによってコミュニケーション障害が起こる。もし反論できず、ただ言われたとおりに従うしかないという感覚があったら、あなたの喉は汚れている。

友愛溢れる人間関係を築き、嫌いな人はいなくなり、「渡る世間に鬼はなし」となると、ヴィシュダー・チャクラが活性化され、コミュニケーションの全般に関わる能力、表現力が開発される。

喉のチャクラが汚れると、霊的憑依を受けたり、オカルトや霊的世界にはまりやすくなる。

共振する色は青。

連動する病気は首、肩の疾患、喉・甲状腺の疾患、聴覚障害、鼻の疾患など。


第六チャクラ（アジナー・チャクラ）印堂（眉間）

三十五歳～四十二歳――「無明の闇にいます。何も分かりません」

人生そのものがこの時代のテーマだ。人生の目標、生きている目的、この世で何をしたらいいのか――それを分からないといけない。人生は無目的であるべきではない。つらい、悲しい、苦しいことがあり過ぎると考え過ぎてしまうので、どうしても眉間のチャクラが汚れる。すると、何をやっていいか分からない、生き方が分からない、挙げ句の果てに自殺したくなる。自分にとって未来が明るくなるか暗くなるかは、このアジナー・チャクラを通して本人が考えている。

眉間の中央にある印堂は「第三の目」と呼ばれ、古代から、ここを覚醒させることで超能力や願望実現力が生まれるとされた。知恵とセルフコントロール能力を司り、人生を切り開いていく知恵を獲得する。
共振する色は藍色。
連動する病気は神経系疾患、視覚・目の障害、頭痛、脳の疾患など。

第七チャクラ（サハスララ・チャクラ）百会（ひゃくえ）（頭頂）
四十二歳～四十九歳――「神仏はいません。運が悪いです」

なるほど、この世の中には神様がいる。だから運が良くてよかったね――と気づかなければいけない。神仏の存在を意識する時代だ。

神仏が理解できない人は、傲慢で、わがままで、自分さえよければいいとなる。そして百会が汚れていると対社会生活で何をすべきかが分からない。何をやってもうまくいかず、運が悪い。

サハスララ・チャクラは、頭頂にある百会のツボ（頭のてっぺんで、身体の中心線と左右の耳をつないだ線の交差する場所）の位置にあり、高次元エネルギーや神仏との交流を司るとされる。ここが開くと、自然と良い人間になり、愛に目覚め、神仏、高次元と繋がり、運が良くなる。

共振する色は薄紫色。

連動する病気は精神疾患、脳腫瘍、脳卒中など。

自分とチャクラの発達と連動のなかで、人生において定められた学習プログラムをきちんとクリアしていくことで、あなたのチャクラは活性化される。それをクリアできないと、未習得だということで、残りの人生でツケになって襲いかかってくるだろう。忘れかけている通り過ぎた時代の学習課題が、あなたの客観的世界の状況として、試練のような形で現われるというわけ。

こういうふうに見ると、あなたはさまざまな時代に汚点を残しているのが分かるだろう。対応する七年間はどのチャクラのポジションか。それはあなたが何で困っているのかを見れば一目瞭然だ。

4・包み込みの発想

自我の意識は個人から集団社会宇宙へと次第に進化する

「農民芸術概論綱要」

船井幸雄先生の最大の功績

真理は役に立つ。時代が変わろうが、状況が変わろうが、どんな世になろうが、いつどんなときにも。それは物事の筋道だからだ。船井幸雄先生に教えていただいたのも、そんなひとつの真理だ。

昭和六十年代、高度経済成長のさ中に船井先生が打ち出していたコンセプトは、さまざまな分野で大きな成果を上げていたと思う。旧価値観が崩壊し、とって代わる新たな理念が勃興する瞬間まで、誰にも先のことは見えない。社会的、経済的、文化的状況がどんなふうに変貌するのか、通常人には分からない。船井先生は、実業の世界だろうが、人生論だろうが、非日常の世界だろうが、茫漠と広がるこの世界に対して、統一的なコンセプトを展開した。そのひとつに「包み込みの発想」がある。

「同意せず、共感せず、仲間でもなく、愛してもいないけれど、共に存在することを許し合おう。そして、共に生きていこう」

というものだ。

新世代と旧世代、右翼と左翼、保守と革新——互いに対極に位置すると考えられている社会構造の中で、こういう「包み込みの発想」という論を唱えた人間は他にいなかった。

ぼくたちは普通こう考える。

あいつとは許し合えて、一緒に生きていける。あいつは友であり、仲間であり、愛し、愛される者。なんらかの意識が自然的、社会的に共有され、そして統合された関係だ。

もうひとつは、上下の関係、支配する者と従属する者との関係である。それ以外は、無関心か、新たな関係を結ぶには未知数という余地が残ることになる。

船井先生は新しいアイディアを展開した。主義、主張、政治的理念、考え方、価値観――それらを一旦ブラックボックスに入れて触れずにおこうと言ったのだ。つまり、良し悪し、善悪を判断しないこと。判断の中止である。哲学者のE・フッサール（一八五九～一九三八）の言葉で言えば「カッコにくくる」ということだ。

Aさんがどんな宗教を信じていても、どんな文化的背景を持っていても、肌の色が何であっても、あなたはAさんと主義主張を戦わせたり、譲歩したりする必要はない。もし、Aさんがあなたにとって異分子なら、そのままでいい。Aさんは Aさんのまま、私は私のままでいい。喧嘩したり、排除したり、無視したり、奪ったり、支配したり支配されたりすることなく。もし仲間になれなくても、一向に構わない。それでも、Aさんと一緒に生きていく――そういう考えだ。

そもそも人の判断というのは公平ではない。詮じつめればただの主観にすぎない。例えば、部下にB君とC君がいる。B君はC君の仕事を大きくカバーし、B君のほうができる人間に見え、C君はいらないやつだなと低く評価されやすい。でもよく見ると、C君しかできないオリジナリティがある。C君にはC君の良さがあるということだ。誰でもできる部分を同じように見ていくのではなく、個々の良さを見ていく。これが「共生（ともいき）」だ。

空海さんのマンダラ論

物事を軽々に判断してああだこうだと断定するのではなく、それもこれも一緒に包んでいこう——ざっと言えばこれが包み込みという発想だ。

この包み込みの発想は、弘法大師、空海さんのマンダラ論に根拠を持つ。これは矢山利彦先生が教えてくれた。

マンダラでは、宇宙の根本を表す大日如来を中心にして、四〇五もの諸仏が、共に同じ場で生きている。「胎蔵界」で仏の周りに描かれた円は、いろいろな菩薩や明王の、それぞれの価値観と生き方と力をひとつの世界に閉じたものだ。この一つひとつの円がそれぞれの仏の主義主張のテリトリー（領域）である。それぞれの異なる力、考え方、文化、宗教、肌の色など、同じ一枚の地図の中に分散され、同時に成立している。大日如来だけでいい、とは考えなかったのだ。それぞれが独立国家でありながら、それぞれの価値観のなかで共に生きている。適材適所にその異なるものを配置し、その力を借りようとして、他のものを打ち消さない。人間の死体にへばりついている悪霊たちさえもここでは否定していない。修羅、夜叉、餓鬼たちもちゃんとマンダラの世界に描かれている。底辺の片隅で生きているものを含めて、すべてのものが一枚

「胎臓界曼荼羅」（ナツメ社）

の絵柄となり、お互いに支えながら連続してひとつの宇宙になっている。取り替えもしない、排除もしないというアイディアだ。空海さんは、そういったものまで、宇宙の構成原理として省くことができない重要なものだと考えた。

大日如来の存在の光の中で、森羅万象の宇宙ワールドの中で、無用の存在、いらないもの、役に立たないものなどは存在しない。すべてが必要なのだ。無駄だから、いらないから排除しようとするのではなく、ありとあらゆるものが必要必然で、必ず役に立つ要素を持っているがゆえに、この世に共に存在するのだ、と。

ぼくは、マンダラの外枠のところに描かれたさまざまな小さな存在に感動した。自分がどんなにちっぽけだと思っていても、そのままで宇宙を支えている。そのアイディアがこのマンダラ論だ。

空海さんはマンダラと言い、法然さんは「共生（ともいき）」と言い、同じことを船井先生は「包み込み」と表現した。

さて、他人を認めず、許さない――これがあなたの世界観になりうるだろうか。「俺の言うことを信じろ、お前は間違っている」となったら、爆弾を持ったテロになり、搾取になり、戦争になってしまう。だけど、ひとつ退いてマンダラという思想を眺めるとき、そこに長い歴史を貫く客観的な世界観が成立しているのではないだろうか。どちらが上かではない。平面上のそれぞれが独立した世界をそのまま持ちながら一緒にやっていく——この「包み込みの発想」は有り得ると思う。

この考え方は古くからあったものだが、決して古くない。いや新しい世界観と言える。新しい国家論、新しい政治論にもなり得る。しかし、この考え方、価値観は未だ共有されていないし、認識されてもいない。理想論として登場することもない。愛を、平和を、協調を、と声高に叫んでも、現実は、どちらが支配するかの陣取りゲームを叫んでいるだけだ。

肌の色、宗教、政治的心情は問わない

さらにぼくがすごいと思ったのは、船井先生が、包み込みの発想を経済原理だと表現したことだ。

ビジネスの世界では、特定の肌の色、特定の宗教をお客様に要求しない。政治的心情（イデオロギー）も、あなたの霊性も問わない。「素晴らしい商品ですね、これ、欲しい」と言った人みんながお客になる。欲しい人が買って手に入れて喜んで、売った人がお金をもらって喜んでいる。それだけだ。つまり、資本主義の経済は、人類史上

初めて平等な人類愛を産んだとも言える。

貨幣、お金の発明は、それによって搾取や支配・被支配、暴力の構造を生んだが、その前に、知っていていい真実がある。統一的な単価、ドルや円が発生したとき、世界経済に貨幣をレートで交換するというアイディアが生まれ、そのときに初めて、国家も文化も肌の色も超え、お金を相互にやりとりする仕組みができた。その瞬間、ヒトが人類になった。

資本主義の意味を、お金を使っているぼくたちにも充分に分かっていない。お金のやりとりを始めたことによって、初めて宗教と民族と肌の色を超える可能性が人の心の中に芽生え、人類というアイデンティティが生まれのだ。つまり貨幣は愛なのだ。これが船井先生のアイディアである。

愛という目に見えない意識と、経済活動のなかでも最も現実的なお金のやりとりという行為が、「包み込み」というアイディアによって繋がった。

これまで資本主義は乗り越えなければならない悪にすぎなかったが、共生、包み込みの発想という背景と、お金のやりとりは宗教・文化を前提としないというアイディアによって、人が繋がっていく可能性を担ったのだ。ぼくはそういうふうに理解している。

細胞は愛を包み込んで進化する

「包み込みの発想」を繙(ひもと)いていくと、さらにこんなセオリーが結びついた。

一九六七年、アメリカの生物学者、リン・マーギュリス女史(一九三八〜二〇一一)が提唱した「細胞内共生進化説」という、生命の起源に関わるひとつの説である。

地球の生物のほとんどが単細胞生物(原核細胞)だった太古の時代、生物として単独に存在していたミトコンドリアや葉緑体を単細胞生物が取り込み、共生関係をつくって進化していったという。

——例えば、頭脳としてのDNA、アメーバー状のセル(細胞)、運動機能のある精子型の鞭毛(べんもう)、この三匹がそれぞれ生命体として活動する。あるとき、この三匹が一緒に住もうとシェアハウス化する。合体し、細胞に鞭毛がついた生命体が生まれ、これが進化の過程で勝ち残っていく。

こんなふうにして、複数の細胞を持つ多細胞生物の元になっていった。

力のある、一個一個の賢い単細胞生物は単独で生きようとしていたが、多くの生命体は滅亡していった。しかし、戦略としてシェアハウス化した生命体だけが生き残り、さらなる進化を続けた。シェアハウスしたのがすべて別種の生命体、違ったタイプの生き物だったということがポイントだが、生命は初めから他者を包み込む創意を持ち、この一体化戦略で生き残ったのだ。

そしてこのあと、エネルギー源となるＡＴＰ（酸素を分解してエネルギーをつくり出す装置）を合成するミトコンドリアと合体し、細胞が完成される。ところが、このミトコンドリアはまったく別のＤＮＡ情報、別のシステムを持っていて、なんと雌雄があり、他の細胞小器官に関係なく増殖を起こす。これは共生している寄生体だということを意味している。この寄生体のＡＴＰの回路が止まったら、ぼくたちは即座に死んでしまうだろうに、自分のエネルギーをこのよそ者のミトコンドリアに任せている。今は細胞レベルでおとなしくしていてＤＮＡの命令に従っているが、こんな関係で結ばれていること自体とても不思議である。他者の存在の意味を知っているとしか言いようがない。

最小単位の細胞がこうして共生関係を選んでいるわけだから、生命の基本概念は初めから「愛」なのだ。競争でもなく、弱肉強食でもなく、愛。細胞は愛と包み込みで一体化することを選んだときに、生命として生成発展する。ぼくたちの本能のどこかに、こういうものが引き継がれているはずだ。ひとつの細胞でさえ、初めから「愛」を知っている。

ひとつの卵子に数億もの精子が向かっている画像を見たことがあると思う。この精子の尻尾はその由来がスピロヘータから来ているという。スピロヘータといって思いつくのが梅毒だが、梅毒菌の尻尾をもらったと言える。だから、進化の過程では、梅毒みたいな菌さえもぼくたちと仲良しだった。ウィルスもばい菌もネガティブな意味だけではないと思う。梅毒菌まで包み込んでいるその凄さを知ってほしい。何も嫌わずに、排除せずに、力のあるもの、ないもの、動くもの、静かなもの、個性的な形を持つもの、単純なもの、種が違うもの——どんなものであろうが全部でひとつになっている。ぼくたちの本能のどこかにこういうものが引き継がれているはずだ。これがすべてのベースになるべきだと思う。

二十年前、このセオリーを知ったとき、ぼくは非常に心を打たれたが、世間的にはあり得ない仮説だとバカにされていた。しかし、時代が変わり、グラウンドセオリーもどんどん変わっていく。未知なるものが明かされていくたびに、ぼくたち寄りになっているような気がする。包み込みの発想のベースはこんなところにあるのではないかと思う。

5・千年続く会社

世界に対する大いなる祈願をまず起こせ

「農民芸術概論綱要」

創業者の生き霊

あなたが会社を起こすとしよう。うまくいくかどうか、分からない。資金も十分ではない。あるのは I have a dream（ぼくには夢がある）、これだけだ。起業はここから始めなければいけない。これ以外のスタートはない。あるとしても、本当の意味の「起業の志」ではない場合が多い。

商売繁盛のコツは、たとえそれがどんな仕事でも、自分にとって天職だと思うことである。ひと儲けしようとか、人から頼まれたとか、目の前にそれがあったから——では、成功は見えてこない。

実を言えば、すべての会社は人間の生き霊でできている。普通、生き霊というと、一方的にある人に恋をして、その人を想い過ぎて、その強い想いやエネルギーが相手に取り憑いてしまうことを指す。憑依霊（ひょういれい）ともいう。

創業者が会社を設立しようとするとき、同じようなことが起こる。

自分がやりたい未来のビジネスに対して、創業者のさまざまな想い、情熱、意図、意志がひとつの霊体となり、恋い焦がれていく。それは、恋人の愛を求めて恋い焦がれるように発生した生き霊と同じだ。チャージされたそのエネルギーが一定量になったとき、創業者はその現実でその気になり、会社を興そう、資金を集めよう、従業員を雇おう――と動き出す。現実として動き出したということは、彼（または彼女）の情熱が生き霊となって自分の脳に憑依するくらい満ちたからだ。その生き霊は、創業と同時に、つまり会社設立日に会社に憑き、会社のエネルギー体として動き出す。そして会社を守り育てる「原型」――会社の守護霊と化す。

例えば本田宗一郎の創業のきっかけは、妻への思いという小さなひとつの夢だった。買い物の重さに苦労していた糟糠の妻を見て、本田は自転車にエンジンを付けたらもっと楽になるだろうと考えた。研究が始まり、夢が膨らんだ。こんなものを作りたい、こんなものができるだろう、そのためこんな会社をつくりたい――と強く意図し、次いで「できる！」という意志を固めた。ここまでは頭の中のアイディアにすぎず、まだ何事も現実化していない。ただやりたいことを考え、何度も何度もそのことを考えながら、あれもできる、これもできると考えていく。それが本田宗一郎の「原型」である。

本田宗一郎が本田技研工業を設立しようとしたとき、経済的な保証などなく、ビジネスとして成立する要素は確かではなかった。でも彼の想いは大きく膨らんだ。すると、その想いのエネルギーがチャージされ、精神エネルギー、霊体エネルギーとなった。その後彼はこの現実社会でついに起業し、エネルギーは会社の生き霊となった。一万人の社員をも包めるほどのエネルギー体に。

ぼくたちは気のエネルギーで生き霊を読み取ったり、それを解除したり、成仏させたりするが、同じ感覚を会社の生き霊に対して行なうこともある。

実は会社の霊体、生き霊を観ると、その創業者がどのくらいのエネルギーで会社を立ち上げたか、どれほどの大きさかが分かる。何年後かに株式市場一部に上場するような大会社に育つということは、創業者がこの会社を登記したときに、すでにその大きさの袋が決まっている。あとから成り行きで育ったのではないことが多い。最初「想い」のイメージができたときに、生き霊の袋の大きさが用意されていたということだ。本田技研という会社の生き霊の袋の大きさは、最初から一万人以上入るものだった、と言える。

例えば社員百人を雇える会社は、創業時に、その員数の霊体に憑依させる巨大なバルーンが百人分を包む巨大な霊体となって発足する。それに同調した人が社員として入ってくる。入った社員は創業者の生き霊の中にすっぽりと入ってしまう。つまり先ほどの憑依霊だ。

この憑依霊は創業者の意志に染められ、だんだん本体を変えていく。会社はこの憑依霊に支配され、同じ現象が社員に伝播し、理念を共有することになる。別な言い方にすると、「包み込み」だ。ぼくたちの観点からいうと、「生き霊飛ばし」と言う。

株式会社を設立したということは、より多くの人に参加してほしいという創業者の意志がある。創業者が社員五人くらいでいいと思っていたら、五人以上の社員が入ると会社は潰れる。社員三十人の中小企業を経営できる人は三十人から親分（ボス）と呼ばれる器を持っている。でも三十一人になったら会社は傾く。パッケージの容量より中身が大きくなると、袋が破れるからだ。つまり、憑依霊という霊体のキャパシティは、創業者の最初の意図、未来へのヴィジョンで決まっている。

もしあなたが会社を大きくしようと思ったら、この原則をうまく利用するといい。あなたの初志に、なるべく多くの人を入れようというヴィジョンがあるとする。学校の朝礼の校庭で、何百人もの生徒が並んでいるような場面を想像し、壇上からマイクで「おはよう」と言うイメージをする。そして、あなたの話を皆が聞いていることを実感し、あなたの気分は楽しくなっていく。すると自然に、その人数だけの社員を雇える会社が生まれる。

このイメージができるのは創業者だけだ。雇われている従業員がこれをやると、会社が倒産するか、創業者が会社を出ていかなければならない事態が発生する。

これは会社ばかりでない。組織、グループ、複数の人間が関わる集合体に共通する。組織は、ひとりのリーダーのエネルギーの下に全員が収容されるという構造になっている。組織は、トップひとりで決まる。

会社は何のためにあるのか

この包み込みが効果を上げるのに大事なことは、社長が会社を大きく育てたい理由を持っていないといけない。自分の食い扶持があり、会社が儲かり、六本木ヒルズに住み、ロールスロイスに乗れればいいという程度だったら、一万人の社員はいらない。その程度では、巨大な会社をつくり上げる意味がない。社員への思いもないし、顧客への感謝もない。あるのは自分の財布の中身だけだったら、会社は育たない。これが会社が大きくならない一番の理由である。

では、創業者がどんな意図を持ち、何を企画すれば偉大な会社になるのか。会社が存在しなければいけない本当の理由がある。それは従業員の生活だ。彼らがお金を稼げて、食い扶持があり、家族を養えて、住むべき家がある。平々凡々たるごく当たり前の最低限の保障だ。その上で、あなたの会社の商品を必要とし、求め、購入し、喜んでくれる他者がいる。あなたの会社が提供する商品が本物ならば、お客さまはあなたの会社に感謝し、喜ぶに違いない――「いいモノが手に入ってよかったよ」と。商売の本質は他人の利益を増大させる菩薩の道、つまり利他行とすることだ。

さて、次が船井先生のアイディアだ。

社員は会社という組織のなかで一緒に生活する。十代後半か二十代で新入社員として会社に入ったら、定年まで三、四十年はある。人生の半分ほど一緒にいるようなものだから、家族、身内と変わらない。一緒に住んでいる身内や家族が詐欺師だったり、傲慢だったり、わがままだったり、自分だけが良ければいい主義のいやな奴だったら困るし、そんな奴と三、四十年も一緒にいるのはごめんだ。

会社を興す本当の目的は、社員を「良い人間」にすることである。ひとりの社員が定年退職で辞めていくとき、最初に入社してきたときと比べていい人相になっていて、やさしくて、思いやりがあって、楽しそうで、いつも一緒にいたいという人に変わっていく。それが目的だ。そのためには、この会社は利益があって、安心できて、楽しくて、この会社で働いてよかったなと社員に思わせることだ。

退職の日、最後に社員が言う。「社長、本当にありがとうございました。おかげさまでいい人生でした」と。創業者のあなたは、「あなたに喜んでもらえて嬉しいよ。一緒にやってよかったよ」と手を取り合う。

こうして会社は社員が良い人間に変わっていく教育プログラムの場になる。これが会社の理念である。関わるすべての人、あなたの会社の取引先や仕入先や同業者やお客様や社員が、すべて良い人間に変わる。

それが、繁栄と成功へのたったひとつの王道だ。

良い人間をつくろう。

それがすべてを包み込む意志だ。船井先生はこの観点から経営を説いていたと思う。だから、他者オール肯定、敵も味方もない、すべての人はそれぞれの立場において主義主張があり、その相手の立場に立てば、それは正しい――と考える。これが包み込みだ。

本田宗一郎の人となりを彷彿させる逸話がある。

本田が代表を降りたあと、彼は全国にあるホンダの営業所と工場を訪れ、社員一人ひとりと握手をしたいと言った。社長を辞めるときの唯一の願いだった。

彼は全国をくまなく回り、さらに海外も訪れた。ある工場で、本田と握手する前に急いで走り去ろうとする技術者がいた。本田が呼び止めると、彼は手が汚れているからと手を見せた。油で真っ黒で、彼は本田と握手をする前に手を洗いに行こうとしたのだ。

本田は言った。「それでいいんだよ」

彼の真っ黒に汚れた手を取り、しっかり握りしめて言った。

「立派な手だな、俺はこういう手が一番好きだ」

本田と技術者は共に涙を流した。
社員との絆の深さを感じさせる話だ。

会社を妖怪にする

社員を良い人間に変えていくというプログラムには、隠れたコンセプトがある。それは、その会社が千年続くことだ。千年後にもあなたの会社があると考える。そう考えると、悪いことやずるいことはできなくなる。でも千年先を想像するのはあまりにも遠大なことかもしれない。だから、せめて百年後の未来を想像してみる。自分の会社とその仕事が百年後にも存在していると考えるのだ。従業員はともかく、創業者や社長にはその意識がないといけない。

付喪神（つくもがみ）という妖怪変化の世界がある。

モノや道具が大切に扱われ、愛（め）でられ、使う人の気持ちがこもっていると、百年も経ると、モノや道具は妖怪化し、怪しいふるまいをするようになるという。それを愛でた持ち主が死んだ後も、その想い、つまり愛でた人の生き霊がモノに残り、変じて妖怪や精霊になるという話だ。髪の毛が伸びる人形とか、動く人形とか、気味の悪いものだ。
話があるが、これらはみな持ち主に愛でられ、百年以上大切にされて付喪神となった
あなたの会社が百年もったとしたら、創業者の死後、会社は妖怪になる。創業者が目指すのはこれだ。だから百年でなく、本当は千年頑張ってもらいたい。

日本には創業千年以上の企業がいくつもあって、百年以上ともなると五万社余りにもなる。これは世界でも類がない。社寺建築業の「金剛組」は世界最古の企業、「西山温泉慶雲館」は世界最古の宿泊施設としてギネス世界記録で認定されている。

「金剛組」創業・西暦五七八年、「池坊華道会」五八七年、「西山温泉慶雲館」七〇五年、「古まん」七一七年、「善吾楼」七一八年、「源田紙業」七七一年、「五位堂工業」七九四年、「田中伊雅仏具店」八八九年……。

その背景には、日本が外国からの侵略がなかったこと、本業重視、職人を尊重する社会的雰囲気、優れた企業精神などが挙げられるが、どれもすごい「付喪神」がついていることだろう。

会社が神様になる

従業員が良い人間になることが会社の基本プログラムだとして、それが本当に実現するならば、従業員は良い人間になり、客はいい仕事に感謝し、社員も客も会社に感謝する。そして、百年、二百年、千年たって、延べ何万人もの人があなたの会社に感謝していることになるだろう。従業員はトータルで何万人にもなる。それぞれが死ぬときに、いい仕事をしたな、家族をちゃんと養えたな、いい人生だったな、社長ありがとう――と感謝したらどうだろう。会社は神様になる。

あなたが生まれてきた本当の目的は、ただの人間だった「私」がこの現実世界で神仏を発生させ、それを置き土産にすることだ。

千年後の未来にあなたの会社が存続していたら、あなたは神様を創ったことになる。現実世界というこちら側で、ご飯とお金を得るための福の神となり、見えない世界では、仕事をしながら生み出すあなたの意識エネルギーで、本当の福の神を発生させていく。千年後、我が社が神になりますように。これが本当の会社設立の意図だ。そういう会社は国家を守る存在となる。出雲の神様・大国主命（おおくにぬしのみこと）と変わるところがない。

ぼくたちの目指すゴールは、新しい利他行を発生させ、ぼくたちの意識が神を産むことだと思っている。今までは宗教だった。しかし五百年後には、このゴールは人間を神の段階に導くアイディアだとガイダンスされるにちがいない。

物事は時間と共に生成発展していくのだから。

6・北野武さんが気づいたこと

新たな詩人よ
雲から光から嵐から透明なエネルギーを得て
人と地球によるべき形を暗示せよ

「生徒諸君に寄せる」

お金をみんな配ってしまった！

人生の価値とは何だろうと考えたとき、お金を稼ぐのは大したことではない。お金でできることも大したことではない。人は本来お金のために生きていないからだ。それを十二分に分かった上でお金を肯定する。蔑んでもいけないし、粗末にしてもいけない。

お金はあっていいものだ。それ自体の価値は大したことはないのだから、必要ならお金が無尽蔵にある天へ要求する。そして世界にばらまいてみる。

いまから二十年以上も前のことだが、北野武さんがビートたけしとして活躍していた頃、顔面が崩壊するほどの交通事故を起こした。一命をとりとめたものの意識不明の重体で、復帰が危ぶまれた。退院時の記者会見では、顔面の半分が麻痺しており、それを自虐ネタにしたほどだった。

あの頃のたけしさんは悩んでいたという。芸人としての人気はピークにいたのだが、このままでいいのかと迷っていたのだ。自分はもっと映画をやりたい、監督も俳優もちゃんとやりたい。不安の中で苦しんでいた。気持ちも気分もパッとしていなかったときに、パッとしないことが起きた。バイクがガードレールに接触して転倒し、致命的と思えるほどの大事故になった。気がつけば舌は動かず、顔の骨が崩壊して、元に戻るかどうか分からない。自責事故の現場を見た人は自殺未遂だったのかと思うほどだった。後でその現場写真を見たたけしさんは、「俺は自殺したかったのかな」と不思議がった。

たけしさんは、その事故で何か勉強したらしい。自分でも気がついたのだ。そしてあることを始めた。

何千枚もの封筒に一万円札を入れ、自分の名前に添えて「ご祝儀」と印刷し、それをストックして、毎日この封筒を弟子とか、タクシーの運転手とか、飲んだ先のスタッフとか、出会った人全員に配った。こうして財産を全部使い切ったら運が上がるだろうと考え、本当に全部配ってしまった。

そこからいきなり「世界のTAKESHI」になった。事故の翌年、映画「HANA－BI」がヴェネツィア国際映画祭で金獅子賞を受賞。そして、次々と話題作を完成させた。

配ったお金は彼流の社会への献金である。ユダヤ人は、稼いだ金額の一〇％ぐらいを社会還元という意味で献金する。これはユダヤ人の成功の最大の秘訣なのだが、たけしさんはそういうことをどこかで聞いて実行したらしい。

高須院長の「お金は血液だ」

高須クリニックの高須克弥(たかすかつや)院長といえば、テレビのCMなどでおなじみだが、お金の使いっぷりがすごいというのでインタビューされていた。

「ぼくにとってのお金は、血液と同じです。生きていくためには、どんどん循環させる必要がある。使わない血液がたくさんあってもしょうがない。貯める必要はないんです。お金は使って楽しむものです。だから、子どもに一銭も残すつもりはありません。奨学金を出したり、チベットに学校をつくったり、国境なき医師団に病院を寄付したり、死ぬまでに社会に還元する計画を進めています」

お金持ちには共通項があるのがよく分かる。お金を貯めようとか、節約しようとか、無駄遣いしないようにしようとか、まったく考えていないのだ。お金を使うとなくなるという意識すらない。楽しい気分でお金を使っている。

アメリカン・ドリームの成功者たち

アメリカン・ドリームという成功概念がある。アメリカ合衆国独立宣言書に、だれも、差別なく、均等に、勤勉と努力によって勝ち取ることができるという幸福追求の権利が掲げられたことに始まる。閉塞感のあるヨーロッパから、情熱にかられた多くの人間が新大陸にその夢を求めて渡ってきた。実際に成功した人物の伝記の数は枚挙にいとまがない。

鉄鋼王アンドリュー・カーネギー（一八三五〜一九一九）はスコットランドに生まれ、移民として一家でアメリカに渡ってきた。木綿工場で週給一ドル二〇セントの糸巻きが最初の仕事だった。働き者で勉強好きの彼は順調に出世し、鉄道会社の要人に引き抜かれ、また斬新なアイディアと将来を見通す力は彼を成功へと導いた。時代の波の中で、鉄道関連会社への出資、鉄鋼会社の設立、事業の拡大、多角経営を行ない、巨万の富を築いた。

彼は慈善家、篤志家として知られている。彼の著書『富の福音』（きこ書房）に、財を蓄えたまま死ぬのは恥ずべきことだと記した。しかし、無条件に貧しいものへ施しをすることは有害だとも言った。

アメリカ、そして全世界に千六百箇所の図書館を寄付し、大学を設立し、カーネギー・ホールの建設を行ない、教育振興のためにカーネギー財団を設立した。彼が死んだあと、遺産の大半は彼の財団や慈善団体に寄付され、今でも数えきれない人がその恩恵を受けている。

これを間違えたのは石油王のジョン・ロックフェラー（一八三九〜一九三七）。ロックフェラーは競合会社の買収、値引き交渉、秘密取引などで世界一のお金持ちになったが、そのあと、貯めた金が奪われるのではないかとビクビクし、その恐怖から心の不安を引き起こし、守銭奴になった。そのストレスからさまざまな病気を患い、余命一年と宣告されて、やっと気がついた。お金の奴隷になっていたと。

彼は神に祈った。

「どうか、私の健康を取り戻してください。長生きしたいからではなく、稼いだお金を、この世のために用いたいからです」

はたして祈りが届いた。健康を取り戻し、療養から復帰した彼は、積極的に慈善事業にお金を回していった。

お金は使ったほうがいい

経営者の義務は金持ちになることだ。集めたお金を、あなたを窓口にして社会に還元する。お金に困っている人はお金を集められなかったのだから、あなたが代わりに集めればいい。集められなくても大したことではない。人はお金のために生きているのではない。魂の成長のために生きているからだ。

そもそもお金を使う行為、つまり物を買い、お金を払うことは、相手を豊かにすることだ。物が売れなくて、カネを出し渋っていると、みんなが困る。だからどんどん稼いで、どんどん好きな物を買う。するとみんなが困らなくなる。無駄遣いではない。人を幸せにするためにお金を使うのだ。

物を買ったら、人は幸せになる。おいしいものを食べて、満足する。かっこいい服を買って嬉しくなる。だから、お金をもらった人も幸せで、これで食べていけるし、これで必要なものを買って、いい生活ができる。お金が循環すればするほど、幸せな気持ちがその度に湧き上がっていく。それなら、お金を使うことはとてもいいことではないか。

人はすでに無限の富を手にしているのを知っているだろうか。思っただけで、その富が入ってくると分かっているだろうか。本当は、必要なお金をいくらでも天に要求すれば、都合のいい状況が起こってくる。焦ったり欲をかいたりしなくても大丈夫。自然に富が集まってきた後は、このお金をどう使うかがこれからのテーマになる。二十一世紀型ビジネスモデルは、慈善事業に似てくるはずだ。

7・金運を上げる

天上へなんか行かなくたっていいじゃないか。ぼくたちここで天上よりも
もっといいとこをこさえなけぁいけないって僕の先生が云ったよ。

「銀河鉄道の夜」

台湾の大富豪の言葉

何年も前のことだが、台湾の大富豪に会った。この人は一杯八十円のラーメンを屋台で売ることから始めて、一代で百億円の現金を残した。ぼくの師匠でもある。

彼はこう言った。

「百億円は元から自分のところにあった、心の中に。自分の未来の百億円が見えていなかったら、仕事が嫌になっただろう。だから、ラーメンを売りながらも自分の財布の中に百億円はちゃんと見えていたよ」

運命は自分でつくる。彼は一杯八十円のラーメンから利益を得ようとは思っていなかった。彼は心にあった百億円を天に要求し、現実のものとしたのだ。

この師匠からこんなことを言われた。

師匠「きみ、治療家かい？」

ぼく「えーと、一応……」

師匠「気功とかそういうので治しているとか」

ぼく「はい」

師匠「きみ、貧乏だろう？」

ぼく「はい」

師匠「やめなさい。ヒーリングをやめるか、貧乏をやめるか。どうする？」

ぼく「おっしゃっている意味がよく分かりません」

師匠「貧乏なヒーラーがヒーリングをすると、患者さんは治っても貧乏になる。貧乏がうつるから」

ヒーラーの落とし穴

台湾の師匠に言われたせいもあったが、お金をもらってヒーリングをするのをもうやめようと思った。

当時、一回五千円でヒーリングをやっていた。毎月定期的にぼくのヒーリングを受けに来ていたパーキンソン病の患者さんがいた。パーキンソン病は難病指定されている病気で、原因も分からず、治療としては西洋医学的にも東洋医学的にも、進行を緩やかにする対症療法ぐらいしかない。症状をストップさせることもできず、刻々と死に向かっていくので、最後の望みの綱として気のヒーリングを頼って来られた。

この方は二年たってもあまり良くならなかったが、病状は進んでいなかったので、ぼくのヒーリングを喜んで受けていた。同じころに入院した患者仲間はすでに亡くなっていたが、彼はちゃんと生きているので、「先生のおかげで」とも言ってくれた。

あるとき、いつものように五千円をいただいて、あっと気づいたことがあった。ぼくは本当はこの方が完治するのを望んでいないのかもしれない、ずうっと定期的にこの方から五千円が入ることを望んでいるのではないかと。

本当なら、今日一回治療して、もう二度と来る必要がないほど症状がなくなるほうがいいに決まっている。しかし、生死に関わる難病は治せなくて当たり前だから毎月やっているんだと、どこかで自分をごまかしているのではないか。つまり、難病のクライアントはぼくにとって金になると、心の底ではそう考えていることに気がついた。

まず、ヒーリングでお金をもらうことを正当な理由だと考えている。この患者は難病なので来月も再来月もヒーリングすることになるだろうし、この分だとお金が入ることが確定しているので、お金で困っている自分にはありがたい。

こんな気持ちが当たり前のようになって、生活のためにやっている自分がいた。これでは、一〇〇％ピュアなエネルギーは出てこない。

来る人来る人を瞬間的に全員治してやる、と思えるのは、お金に困っていないときだけだ。このままではダメだと思った。だから、ヒーリングでお金をとることをやめた。

それ以来講義だけにして、生徒たちにヒーリング方法を教えて、その力を自分で使えるようになればいいと思った。今では、職業的なヒーラーよりぼくたちのほうがうまくできる場合もある。だって心意気が違う。

自分のなかに「誠」はあるのか、それを常に問わねばならない。

金運を与えるヒーラーになる

一般的に整体の施術家は大変だなと思う。一時間頑張って施術して、もらうお金もだいたい決まっている。一日にこなせる人数も制限がある。ふと常連客の数を数えて、今日はいくらになると考えてしまう。

施術家は、客にまた来てほしいと思うだろうし、実際に「また来てくださいね」と言う。「回数券がお得ですよ」と勧めたりもする。腰痛に十回も二十回もかかるのかとぼくは言いたくなるが、施術しながら、いったい何のために施術をしているのだろうと彼らは思わないだろうか。生活とお金のために行なう施術は重労働だろう。

ヒーラーのあなたが貧乏だとする。すると、施術している間に相手の金運を奪い取ってしまうことがある。

例えば指圧などの施術では、生命エネルギーをクライアントにチャージするから、相手は元気になる。五千円の施術料として、施術家は難しい施術をしたから、これは八千円の価値だと思ったら、エネルギーとして差額三千円分を相手から払い戻させてしまう。これは知らずにやってしまうことだが、これではせっかく育てた命を金勘定で奪ってしまい、ヒーリングを台なしにしてしまう。

実質経済は原則として等価交換だから、やってあげたのだから金をよこせという意識がある。施術料五千円だから五千円もらったが、元気になったんだから本当は一万円の価値がある、と施術師が思ったら、差額の五千円分の金運をクライアントからエネルギーとして奪い取る――こんなそろばんが無意識に働いてしまうのだ。
ぼくは自分の生徒さんに、お客をお金持ちにして帰しなさいと言っている。自分と関わったら、病気が治るだけでなく仕事もうまくいく、商売も大成功するんだと。これは、ヒーリングと同時に、その人の経済活動もオーラで包む意識を持つということだ。ヒーリングしながら金運も一緒に黄金の光のイメージで差し上げるのだが、お客は黄金のオーラをいっぱいもらうから豊かになり、ついでに腰痛も消えてよかったね、となる。それがぼくたちの本当の仕事だ。

ぼくはお金に関わることで身につまされた思いをしたことがある。

入院中の胃ガンの患者さんをヒーリングしたのだが、ガンが消えて、ぼくはとても嬉しかった。しかし、ぼくの思いとは裏腹に、患者さんはなぜか浮かない顔をしていた。彼の家族もそうだった。どうしたのかと聞いたら、ガンが治ったから退院するけど、高額の医療費を請求されるだろうから困っていると言う。そんな心配より、命が助かったのだからもっと喜ぶべきなのにと思った。居心地が悪かった。

それからすぐ後のこと。退院した彼は自ら命を絶ってしまった。病院からの請求額が高額過ぎて払えないので、せっかく助かった命を差し出してしまったのだ。

こんなことがあって、ぼくは考えてしまった。病気で困ってはいけないけれど、なおさらお金で困ってはいけないと。

それで、これからは金運のヒーリングをしなければいけないと真剣に思い始めた。

お金はすべてではなく一番大事なものでもないけれど、問題の多くはお金で解決する。

「金持ち喧嘩せず」という諺があるが、これは本当だろう。

金運上昇のマントラ

金運が上がるマントラがある。

「兌(だ)・困(こん)・萃(すい)・咸(かん)・蹇(けん)・謙(けん)・小過(しょうか)・帰妹(きまい)」

「だ・こん・すい・かん・けん・けん・しょうか・きまい」

まず、「良い人間になります。ありがとうございました」と唱える。

これは、金運上昇を祈る前の一種のお祓いの言葉であり、自分が善なる存在であることを宣言する。

次に、右のマントラを、西に沈むオレンジ色の夕日をイメージしながら、三回繰り返し唱える。夕焼けの光が一段と輝く感覚を得て、その輝く黄金の光が自分にお金と豊かさを与えてくれると思う。

最後に「ありがとうございました。金運上昇」と唱える。そして金運が上がったと実感し、感動、感謝の気持ちを味わう。

このマントラは『易経』にある言葉で、すべてが満たされた神の世界を魂が体験したのち、再び肉体に戻ってくるプロセスを表している。

夕日を見るたびに、これを唱える習慣にしたらいいだろう。

8・神の資本論

風からも光る雲からも諸君にはあたらしい力がくる
「ポラーノの広場（手入れ前の原稿）」

お金は神と人間の共同作品

こんな物語を捧げる。

この宇宙のすべては、大自然という神によって創られたものと、その後生まれた人間によって作られたものでできている。しかし、たったひとつだけ、神と人間の共同作品があった。それはコイン、お金である。

神様があなたを無限に豊かにしようと思い、イデアの世界から豊かさというエネルギーの象徴を、お金という形にして下界に降ろすことを考えた。人の脳はそれを受け取って閃き、やがてそれはコインという形になった。この世を豊かにするために、神様と人間が共に乞い求め、かくして生まれたのがお金である。

だから、お金は豊かさのエネルギーにすぎない。本来ならお金は、神話や呪術や信仰をテーマにする社会人類学の見地から語られるべきものだと思う。

はたして人間は、無限の豊かさを手に入れただろうか。はたまた、いつ手に入れられるのだろうか。

商売は悪？

ぼくは小さい頃から家が貧乏だったので、人間を苦しませ、困らせるお金というものは悪いものだという思いがずうっとあった。商売で借金して苦労している親をアホだと思っていたし、商売をやって稼いでいる奴はもっとアホだと思っていた。


こんなふうに考えていた。

原材料費と手間賃、それに流通にかかった費用の総額が五百円のモノがある。この原価に、Aさんは百円乗せて六百円で売る。Bさんは二百円乗せて七百円で売る。資本主義では、商売人が売値を勝手に考え、利益をいくらにするかは自由だ。社会システム上、利益を発生させないと自分に入るお金がないから、利益というその金額を上乗せしているにすぎない。本当は、そんな金額を乗せる価値も理由もない。要するに、こういう自由経済の流れの中で得る利益そのものが詐欺に当たるのではないかとぼくは思っていた。世界全体がひとつの国じゃないから社会に分配できるシステムはさまざまで、それぞれの地域でそれぞれの人間が勝手に儲けているようなものだ。

さらに、原価五百円のものを一万円で売ろうが、百円だけ上乗せしようが、値付けの根拠はない。五百円乗せたらガメつくて、二百円だったら良心的というのも変だ。本人が罪悪感を感じないために二百円だけ乗せているにすぎない。通常の経済原理では、必要に応じて高くしたり安くしたりしていいわけだから、こんなことが起こる。砂漠で飲み水が欲しいとなったら、ペットボトル一本が十万円でも売れるだろうが、街中だったらそんな値段で買う人はいない。つまりモノの値段とはそういうことにすぎない。

本当はモノに値段なんかない。水晶も金もダイヤも本当は値段なんかつけられない。神様が創ったものだ。では人間が作ったものならいくらでもいいのか。ぼくの講座が一万円、靴が一万円、カバンが一万円――すべての値段に正当性はない。それくらい欲しいな、とそれぞれ販売する人間が勝手に思っただけ。労働力の値段である賃金だって同じようにわけが分からない。あなたはそれを知っている。

モノの値段は想念にすぎない。この商品は一万円で妥当だね、と同意する他人がいるから成立している。それを十倍にしても買う人がいたら、これもまた成立する。だから人はあれこれ考え、うまく儲けられるように値付けする。こういう経済活動の中にいると、人の心に邪気が発生する。心の中で決める値付けには根拠がないのを知っているから、奪うという意識が湧いてくる。

モノを買う行為だっておかしい。

モノを買う。あなたは紙幣なり貨幣なりを出してモノを受け取る。これは物品を「タダ」で略奪している行為にすぎない。お金を受け取った相手は、そのお金を使ったときに初めて利益を受け取る。受け取った時点では、何の利益も生じていない。あなたが支払ったお金で店の人が他のものを買ったときに初めて、そのお金に価値が生じ、利益を受けとったといえる。店の人は明日死んでいるかもしれないし、そのお金をずっと使わずにしまっておくかもしれない。だから、お金を受けとった段階ではただの紙にすぎない。店の人は、ただ借用証書を渡されたようなものだ。あなたが紙幣を渡した時点では、利益はあなたが独り占めしている。つまり、これは詐欺ではないか。

だから、ぼくは商売を悪だと考えた。のうのうと金を増やす奴はろくでなしだと思っていたし、自分のために貯金したり、まして遊びに使うなんて許せなかった。

子どもの頃からこんなふうに考えていると、大人になっても社会人として普通に生きてはいけない。気功とか怪しいことに興味を持ったのは、実質経済なんかどうでもいいと思ったからだ。関心を寄せたのは、哲学や文学だったり、聖者の話だったり、一次産業だったりで、金なんかどうでもいいやと世を捨てているところがあった。だからぼくは貧乏を引き寄せた。

ところが、これは間違いだと気づかされる出会いがあった。「タオ」を教わった中国人の気功の先生は授業料をしっかりと取り、ぼくはお金の意味について改めて考えさせられた。

「気」についての画期的な理論を語られた矢山利彦先生の教えは衝撃的だった。ぼくたちは、霊的な能力と日常生活を生きる理性を両立させる「ダブル・コンピュータ」でクリエイティブに生きていかなければいけないと教えてくれた。見えない世界は現実の世界とシステムが違う。直感と理性、右脳と左脳——両方のシステムを同時に使って、賢く生きなければいけないと。

モノには値段なんてない

モノとお金を交換するとき、モノに対する値付けを妥当だと思ったらその金額を支払う。納得いかなければ払わない。売るほうだって、この金額じゃ不足だな、もっと欲しいと思ったりする。つまり、どちらも主観にすぎない。私たちは、ただ主観という想念のやり取りをしているだけなのだ。

そもそも宇宙のすべてのものに値段なんてない、この世でやっていくすべての行為に値段は発生しない――ということをまず知ってほしい。

実質経済活動は精神エネルギーにすぎないのだ。これについて、ドイツの思想家カール・マルクス（一八一八～一八八三）は『資本論』第一章「価値形態論」で明確に指摘している。「すべての物の価値は相対的なものであり、そのもの自体に意味はない」と明言した。

さらに、他の章では、「経済活動は宗教に属する」とまで言った。資本主義は、神の代わりにお金を信仰するようになった新しい宗教活動である、と見抜いたのだ。

無限の富を想念でつくれるマジックがある。これを神の資本論としよう。理論で分かるものだ。

最初に考えることは、すべてのものは無料だということ。ここからスタートする。本来モノには値段なんてない。あなたの労働力も、あなたが売るものすべては無料だ。


例えば、あなたは、ある物品に一万円という値付けをする。お客さんは同意して一万円と消費税を払う。そのお金を受け取るときに、あなたはこう考えるのだ。本来無料であるモノに一万円もチップを払っていただいた。一万円は自分が要求したものだが、その値段をとるべき確たる理由はない。しかし、お客様は納得し、サービス代としてお金をくださった。そのお客様は「いい人」である。だからあなたは、そのお客様のために祈る。

「こんなにチップをくださってありがとう。あなたがもっと繁栄、成功、富に満たされますように、幸せでありますように」

これが販売員の心意気と、商店の心意気となる。すべてのビジネスにこのやりかたを反映できる。


利潤の不透明さを積極的に利用して、モノを等価交換しながら利益を発生するようにスライドさせる方法がある。

経済活動では、モノをいくらで売るかというのは重要なことではない。問題は売れるかどうかだけだ。だから、五百円のものに最初から二百円乗せるのではなく、本当は千円の価値を感じさせるモノを売ればいい。五百円のものを五百円の価値だと思っていて、そこに利益を乗せて売るのは「詐欺」だからだ。五百円で仕入れたけれど、本当は千円の価値がある。これを七百円で売るとすれば、相手に三百円の利益が発生することになるので、自分は良いことをしたことになる。

例えば、本を出版する。売値は千五百円だが、本当は三千円の価値のある本にしようという想いでつくる。買った人が実質払うのは千五百円だから、千五百円儲かることになり、その千五百円分は神様の貯金になる。さらに、読んだ人が、この本は五千円の価値があると思ったら、この本を読んだことで三千五百円の差額が発生し、その金額のエネルギーがこの人の中に入っていく。

こうやって実質経済をやりながら良いことをしていると思ったら、その分ポジティブなオーラが入ってくる。そして、全額タダで、全部神に奉仕しようと思ってやっていたら、利益が倍になり、売値が全部利益になって返ってくる。

ぼくは、この考え方を始めたとたんに、お金がどんどん入るようになった。

ぼくのセミナー費用を一万円として、一万円の内容を提供したら等価交換にすぎない。等価交換では、お客さんに利益は発生しない。すると、ぼくがお金をもらう理由はない。つまり、すべての仕事がお金との等価交換だと思っているうちは、未来永劫利益は発生しない。苦しんでやる仕事がずっと続くことになる。だけど、一万円のものに二万円の価値があれば、等価交換の上に、双方で五千円ずつの利益が得られる。つまり、買方に利益が生じ、売り方も正々堂々とお金をもらえる。ぼくはいつも自信を持って、自分のセミナーは十倍の価値があるという想いでやってきた。

どこかで利益を生んで、ポジティブ側に天秤が傾いて、その傾きが大きくなった時点から、放っておいても運は開けてくる。仕事がやってきて、お金が自然と入ってくるようになる。

お金とは想念だ

お金は想いでできている。想念である。

お金は労働力との交換で得られるものと思っている限り、あなたは大富豪にはなれない。労働とお金の等価交換にしばりつけられていると考えている限り、お金持になるには死ぬほど働かなければならないことになってしまう。逆に、働かないで稼げるお金は邪悪なものだと思ってしまう。その考え方では、宝くじを買っても、働いているわけではないので「当たらないでください」と言っているようなものだ。だから宝くじは当たらない。万一当たることがあっても、たぶんそれは不幸を呼ぶだろう。これらはみんな思考のマジックだ。

お金は労働の成果ではない。労働＝富なんていうお金の定義はそろそろ変えないといけない。

仕事は労働なんかじゃない

仕事というものは労働ではない。人の労働は神聖なるものであるがゆえに、お金には換算できないからだ。労働はすべて愛である。あの人のため、この人のため、だれかのため、自分のためにする無償の愛である。だれかのために無償で全力を尽くすとき、あなたの神としての本性が現われる。労働がタダだと分かったとき、人間の本質は神となる。

だから、仕事をして成功しようなどと考えてはいけない。本来仕事というものは自分の才能を生かしているものなのだから。

人は自分の仕事に生きがいを感じられなくなると嫌になってしまい、やめたくなる。

そうではなく、満足を人に与えること、感動を与えること、喜びを与えることがあなたの仕事で、しかも仕事は無料奉仕でやっていると思えばいい。人の本質は神様になることだから。

だから利益は天からいただこう。満足できるお金を神様に要求し、神様からお金を送ってもらっている、と考える。本音で欲しいお金を豊かさとして考え、タダで貰い、タダで還元する。そしてお金が与えられることに感謝する。

売買は等価交換ではない

売買は等価交換であるという考えを壊そう。物を買うとき、お金を支払ったとは思わないで、与えたと考える。そして、与えた分は倍になって返ってくると考える。すると、気持ちの上では物はいただいたものになるから、ダブルで儲かったという思いが残る。自動販売機でドリンクを買うときだってそうだ。コイン投入口に百円玉を入れるときは、施しを与えていると思って入れる。

こういうことでお金の小周天が始まる。プラスのエネルギーを回せばどんどん元気になるように、プラスの思いのエネルギーをお金と一緒に回すことによって、お金がどんどん増えてくる。支払って、物を貰えて、倍になってお金が返ってくる小周天だ。

すると仮想空間にある預金通帳の入金という項目にお金がどんどん入ってくることになる。

支払いの意識は貧乏意識をつくる。あなたがお店をやることになって、テナント料として一カ月三十万の支払いがある。大家さんがいい人で、月極め三十万円のところを一日一万円の日割りにしてくれたと考えても、今日お客さんが来なかったら、一万円を稼げなかったと思ってしまうだろう。毎日一万円が必要経費で、一万円稼げなかった、どうしよう——と考えて一カ月が過ぎる。

そうではなくて、こんなふうに考えればいい。

二十九日間、大家さんがタダで貸してくれて、支払い日だけ、一日分の賃料として三十万円の支払いをする。二十九日間はタダだ。だから、今日お客さんがひとりも来なくても、無料で借りているわけだから、三十万円得したと思う。次の日も三十万円得したと思う。そうすれば、連日お客さんが来なくても損したという感情は起こらない。お客さんが来たら、三十万円にプラスの儲けがある。お客さんがゼロでも、一カ月したら、一日三十万円、二十九日分の利益が八百七十万円となる。この「得した」という想念が豊かさをつくる。言いたいのは、日割り計算による毎日の支払いの心配は貧乏意識をつくってしまうということだ。

今日から生涯にわたり、お金の心配は「禁止」だ。節税も税金対策も禁止。年金、保険にも期待しない。富と豊かさが無限に入ってくるのだから、税は喜んで差し上げよう。税金、請求書、支払い請求が来たら、それを払うときに全額自分の口座に入金したと思おう。そして、こんなにお金が入ったよと喜ぶ。

お金が返ってくるマジック

人に貸したお金は請求しなくていい。全額を差し上げたと考える。相手はいい人間だし、仕事もうまくいっているからよかったねと思う。そして貸していたお金が増えて返ってくると想像する。

もし、あなたが債権者なら、貸した相手の成功を考え、債務者が借りたお金より多い金額を振り込んでいると思い描く。そのあと、彼に領収書とお礼の手紙を実際に書く。貸した金額の領収書を切り、「ご返済いただきました、余剰にいただいたお金はお返しさせていただきます」というお礼の手紙を書いて、領収書と共に封筒に入れて糊付けする。そしてお金が返ってきたことを神様に感謝し、その手紙を忘れる。多くの方がこの方法でお金が返ってきて、富が生まれている。

9・すべては繋がっている

あゝ何もかももうみんな透明だ
雲が風と水と虚空と光と核の塵とでなりたつときに
風も水も地殻もまたわたくしもそれとひとしく組成され
じつにわたくしは水や風やそれらの核の一部分で
それをわたくしが感ずることは
水や光や風ぜんたいがわたくしなのだ

「種山と種山ヶ原」

うまくいかない理由

いろいろな自己啓発の世界を学び、イメージトレーニングもしてきたのに、うまくいかないと言う人がいる。それは、あなたが保持している病気や貧乏オーラ、さらに不幸やマイナスのオーラのせいだ。そのマイナスオーラが黒い煙となって、近寄ってきた幸せを消していく。つまり、頭の中で想定している幸せが現実のあなたに来たときに、あなたの汚れたオーラがそれを拒否する。それは、発注されたあなたの願いが天に届いて、それがあなたに発送されても、あなたに受け取り拒否をされるようなものだ。それを気づかずにいるから、あなたは幸せや成功は自分にはまったく来ないと勝手に思いこむ。

別のアプローチがある。

効果のあるなしを度外視して、まず最初にゴールを想像する。仮にあなたに五千万円の借金があるとしよう。「それを返した自分」、つまり借金を返済し終えた自分をゴールとする。そしてその問題解決に向けて、あなたは何かをやろうと決心する。

大事なことは、あなたが決めたことは絶対に、すべて役立つ、ということだ。なぜなら、「この世のすべては繋がっている」のだから。まず自分に何ができるか、と考える。時給八百円のコンビニでのバイトがいいと思ったら、それをやる。庭掃除がいい、道路掃除がいいと思うなら、それをやる。ゴールに向かっていると自分が決めたことはすべて本当に、現実的にアプローチできるものだ。できるかできないか、それを決めるのはあなただ。

五千万円の借金を返そうと決心して、コンビニで時給八百円で働くのはお門違いだろうか。実際の効果があろうとなかろうと、あなたは借金返済のためにそうすると決意したのだ。その決意が揺るがない限り、コンビニで働く行為は借金返済というゴールに近づいている。あなたが一心にやっていると、ある日とんでもないことが起こるかもしれない。コンビニにふらっと入った客が、「あなたにお金を上げよう」なんていう、ありそうにないことだって起きる。

道路掃除でもいい。そうと決めて毎日やっていたら、宝くじが一枚落ちていて、五千万円の当たりくじだったりする。これは、本当に起こりうるし、実際に生徒さんが体験している。

パラマハンサ・ヨガナンダの確信

インドの聖者パラマハンサ・ヨガナンダ（一八九三〜一九五二）が、一九二五年にサンフランシスコでヨガの講義を始めたとき、ヨガを知る人はなく、ヨガナンダは秘書を雇って広報活動を続けた。資金が必要だったが、請求書が溜まるばかりで、秘書が銀行の残高を問いただすと、父からの資金は残高二百ドルしかなかった。それを知った秘書は卒倒した。しかし、ヨガナンダは毅然としてこう言った。

「大丈夫、神は私たちと共にあります。神は去っていくことはありません。七日以内に、必要とするすべてのお金を与えてくれます」
二、三日後、ヨガナンダが講義をしているパレスホテルから通りに出ると、ひとりの老婦人が近づいてきた。彼に話しかけ、こんな申し出をした。
「私は暖炉にくべるほどたくさんお金があるので、あなたを手伝いたい」

その老婦人は見知らぬ人だったので、ヨガナンダは、どうしてそう思ったのか尋ねた。

「あなたの目を見た瞬間、素晴らしい方だと分かりました。私はあなたを存じているし、あなたこそが、私のお金を使っていただきたい方なのです」

その老婦人はそういうと、その場で二万七千ドルの小切手を書いてヨガナンダに渡した。今でいうと、十万ドルぐらいの価値（日本円で一千万円ぐらい）だろうから、小切手を渡された秘書はひどく驚いたに違いない。

その後ヨガナンダの講義は幾度となく開かれ、新しい著作も生まれ、生徒たちの寄付でロスアンゼルスのマウント・ワシントンに土地と建物を購入した。ここは後のSRF（Self-Realization Fellowship）本部、ヨガナンダの活動の場となった。

ヨガナンダはいとも簡単にお金も引き寄せてしまったのである。

ローリング・サンダーの能力

アメリカ先住民、チョロキー族にローリング・サンダー（一九一六〜一九九七）というすごいシャーマンがいた。彼はスピリチュアル・リーダーとして、多くの言葉を残し、多くの人の生き方を変えた。こんな逸話がある。

ある日、サンダーはニューヨークで入院している末期のガン患者さんからヒーリングを頼まれた。彼はその病院へは行かず、アリゾナの砂漠に向かった。たまたまテレビ取材の最中で、サンダーが薬草でも採りに行くのだろうと取材クルーたちも付いていくが、主役のサンダーは来る日も来る日もただ砂漠を旅するだけ。途中で何度か儀式を行ない、さらに砂漠の奥へ入っていく。何日かたってサンダーは砂漠のある地点に立ち止まって言う、「あった、見つけた」。何もない砂漠の一点に杖を突き刺し、そうしてクルーに向かって帰りを促す。

何が起きたのか、何の目的だったのか分からないまま、クルーたちはサンダーと一緒に帰ってくるが、後日大変なことを発見する。サンダーが砂漠で大地に杖を突き立

パラマハンサ・ヨガナンダ
http://www.yogananda-srf.org/

てた同時刻に、病院で末期ガンの患者が治っていた。

サンダーが砂漠で杖を突き立てた行為と末期のガン患者が治ったことは何ら関係があるようにはみえないが、カール・G・ユング（スイスの心理学者。一八七五～一九六一）や、V・パウリ（スイスの物理学者。一九〇〇～一九五八）はこれを「シンクロニシティ（共時性）」、「意味がある偶然」と呼んだ。ふたつの出来事は何の関係もないようだが、サンダーには必然だった。彼がガン患者さんを治そうという意図を抱き、その意識で砂漠へ出かけ杖を突き立てたのは、治ると思う確信を、治る現実（砂漠で杖を突き立てるという行為――doing）で結びつけただけなのだ。世界のどこに触ろうが、何を起こそうが、方法も手段も目的も、関連性がないように見える。ポイントは、「あなたが、そう思えたかどうか」だ。

あなたがなす行為のすべては、あなたがこうしたいと意図するとき、目的と意味を持つ。どんなことでも、そうしようと思って始めたことは、ゴールを設定し、そこに近づくことだ。無駄な努力――そんなものはこの世にない。なぜなら、私たちは時空を超えた意識世界（ホログラフィック・ユニバース）で繋がって生きているからだ。

シベリア原住民デルス・ウザーラの光

黒澤明監督が日ソ合作で製作した「デルス・ウザーラ（Dersu Uzala）」（一九七五年公開）という映画がある。シベリアの地の探索と地図作製を命じられたロシア人探検家アルセーニエフとシベリア原住民デルスとの交流を描いた秀逸な作品である。アカデミー賞外国映画賞とモスクワ国際映画祭最優秀作品賞を受賞し、黒澤監督はここから「世界のクロサワ」へ飛躍した。

アルセーニエフは地図作製の調査のための探検隊を率い、シベリアの奥に入っていく。極寒の地で原住民のデルスに出会い、過酷な自然の中で生き伸びる術に長けている彼をガイドとして雇い、二人の交流が始まる。

アルセーニエフはデルスに聞く。

「こんな吹雪の中にひとりで獲物を待って何日もじっとしていられるなんて、信じられない。どうしてできるんだ？　こんな氷と雪に閉ざされた世界にたったひとりで暮らしていて気が狂わないのかい？」

デルスは答えた。

「この世界は生命に満ち溢れている。あらゆる命が輝いている。空気の中にあったり、水たまりの中にあったり、氷の上にもあったりする。おれは一瞬たりともそいつらの命から切り離されたことはないよ。あんたたち文明人は、この世界でたったひとりになれるというすごい技を発見したんだね。ひとつの命だけを切り離すという技はどうやったらできるんだい」

そう、世界のすべては繋がっている。

魔法のエネルギーボール

あなたは叶うべき願いを口にし、完全なゴールを設定する。そしてそのゴールに向かって何かを始めるときに、気のエネルギーボールをつくる。そして、最初から「うまくいった」と想像するのだ。

例えばダイエットしようと思ったら、いきなりスイーツをやめるとか、食事制限しようとしない。まず、白く光り輝くエネルギーボールをつくりながら、ダイエットがうまくいった自分がボールの中にあることを想像する。手に持ったそのボールの中に、すっきりした、きれいで元気な自分の姿を見て、うっとりする。そして願いごとはすでに終わり、叶えられたと思う。その映像が入ったボールを黄金色に輝かせる。そのボールを持ちながら、ダイエットが成功したことを感謝し、最後にボールを天に放つ。

もしガンで入院していたら、どうすれば治るのかとは考えない。白く輝くエネルギーボールをつくりながら、退院して家族とお祝いしている姿をイメージする。手に持ったボールの中に、元気になって家族で旅行をしている自分、仕事に復帰している自分の姿を想像し、喜ぶ。そして願いごとはすでに終わり、叶えられたと思う。その映像が入ったボールを黄金色に輝かせる。自分はすでに元気であることを感謝し、そのボールを天に放つ。

エネルギーボールを持ちながら頭の中で映像を想い浮かべると、両手にあるエネルギーの知覚と脳の画像が自分の中で繋がって一個になる。これは、お互いのエネルギーが手を伸ばすように、想像した世界と目的達成へのエネルギーが混じり合う現象だ。すると、すべてにおいて現状を上回る状況が生まれ、あなたの限界を超えていく。

エネルギーボールはこんな仕組みになっている。

手から出した気のエネルギーを球体に整え、気のボールをつくる。そのエネルギーボールを手に持ちながら、何か願いを想い、考える。すると手から出したエネルギーが「目的」という情報と重なり、「目的を持ったエネルギー」となる。そのボールを白く輝かせたイメージで包むと、「目的」を妨害するエネルギーが浄化されて、純粋な目的になる。続けて、「目的」がすでに達成されたゴールについて考えて想像する。こうなったらいいな、ああなったらいいな、それがいいな——と定まってきたら、「すでにそうなっている」つもりになり、白く輝くボールを黄金色の輝きに変える。黄金色の光は成功、願望実現のエネルギーを持っているからだ。最後は目的が達成されたことに感謝する。

するとＩ「成果」を引き寄せる。これが魔法である。

10・どん底から立ち上がる方法

われらに要るものは銀河を包む透明な意志　巨きな力と熱である
「農民芸術概論綱要」

数億円の借金を返済する

にっちもさっちもいかない、もはやどうにも打つ手がないほど、人はどん底に陥る時がある。仕事に失敗して数億円の借金をつくってしまった、とんでもない犯罪を犯してしまった、一家離散の目にあった、末期ガンで余命がない……

そのどん底のあなたの意識を書き換える究極の方法がある。たった一日だけでいいから、騙されたと思ってやってみるといい。すべての問題はあなた自身の行動によって解決する。

知り合いのYさんには、返そうと思っても普通に働いては返せないほどの大借金があった。彼は気の原理を考え、思いついて、あることをした。そして自力で全額を返すことができた。これは気功の能力を使ったわけではないが、エネルギーの法則にかなっている。

雑踏で祈る

何をしたかというと、Yさんは東京・渋谷の雑踏に行き、月に三日間、朝十時から夜の八時まで、ずうっと目の前を通り過ぎるすべての人のために祈ったのだ。ご飯とトイレの時間は抜きにして、絶えることなく、どん底にいる彼が他人のために祈った。

Yさんは神様なんて信じていなかった。こんな良いことをしているのだから神様が助けてくれるかもしれないという思いもなかった。正直なところ、神様なんて本当にいるのかなと疑いながらやっていた。

三カ月目の三回目を終えたとき、特に完遂感もなかったが、一応やろうとしたことは全部やったと自分に言い聞かせた。それから数日もしないうちに、あるはずのない昔の会社に注文が来た。

とっくに解散していたので会社自体はない。ただ、差し押さえられたはずの会社兼住居はなぜか競売に出されず、電話も繋がっていた。不思議なことに裁判所が売却の強制執行をしなかったのだ。だから一度家を出たものの、密かに戻って住んでいた。気分はだんだんと以前の我が家のようになってくる。土地の所有権は失効しているだろうに、なぜか二年以上何の音沙汰もない。どうなるんだろうと思っていた。

すでに会社は存在していないが、名前も住所も電話番号もそのままだし、倒産を公開したわけでもないから、事情を知らないまま注文が入るのはあり得ることだった。おかしなことは、電話の注文の主は、四年前に紹介された製品をなぜか今になって思い出したからだと言う。

それは商業用の水槽の大型設備で、ひとつ売れれば数百万の利益があるものだった。十年以上も前に、全国的に販売を展開しようとパンフレットを作り、外回り専門の営業マンを雇って各地を回らせていたが、成果はほとんどなかった。それが倒産して二年以上もたっているのに注文が入った。これを皮切りにホテルや大型店舗などいろんなところから一斉に注文が入るようになった。電話やファックスで注文が続いた。どこで知ったのですかと聞くと、誰々の紹介でとか、昔もらったパンフレットを見てとか、特別のものはなにもなかった。注文をどんどんこなしていったが、受注から設置までひとりだけなので、どうしても無理が生じてくる。そこで全部外注にした。つまり、高額のマージンを伴うブローカーに変身した。そのまま丸投げしても、二年間で借金全額を返せるお金を稼いでしまった。

Yさんは、神様はいるかもしれないと思うようになった。しかし、Yさんが別の意味で神様の存在を本当に知ることになったのは、その後の出来事のせいだった。全額返済し終えて、「やった、これから儲けだ……」とワクワクして電話を待っていたら、注文がピタッと止んだ。以後ひとつも注文の電話は入らなかった。

十年間、営業マンを回らせて取れた注文より、破産してから勝手にやって来た二年間の注文の売り上げのほうが多いというのも不思議だった。

神様はいる、と思った。

おかげでだれにも迷惑をかけなくてすんだと、Yさんはしみじみ語った。

最大の技は、他人の幸せを祈ること

これは、自分が困った状況にいるのに、それとなんの関係もないことをやって運が開けたという話である。

最大の技は、他人の幸せを祈ること。

これでいっぺんに運が良くなる。これは、頼まれていないから効く。義務感があったり、自分のためにやろうと思ってやっては効果がない。ご利益を求めてもだめだ。正解は、自分にはあり余っているエネルギーがあるから困っている人にあげるという意識――繁栄も、豊かさも、成功も、幸せも、自分と共にあると信じている「我」がいる。

彼は気の原理を知っていた。

エネルギーフィールドでは、外側のフィールドのほうが、内側のリアリティ・フィールド、つまり肉体より断然大きい。外側の大きいフィールドにネガティブがあれば、内側にある肉体・心は影響を受け、病気になったりする。逆に外側のフィールドにポジティブエネルギーが注ぎ込まれオーラがきれいになると、体と心の状態は良くなっていく。これがエネルギーフィールドという考え方で、大きい場のエネルギーのほうが強いという考え方である。パワースポットなどは、大自然のほうが大きいわけだから、自分よりも大きい場を意識し、そこに包みこまれる一体感を持てば、そこからエネルギーが勝手に流入してくるようになる。結果として、自分が必死で頑張らなくてする。

も、自分の都合のいい状態になる。仕事が入ってきたり、お金の問題が解決されたり

だから気の悪い雑踏で、不幸な人たちのために祈るという高いエネルギーの場をつくれば、逆に抜群にエネルギーの量を吸収できる。気は無尽蔵にあるわけだから、気を彼らに送れば送るほど、自分の場に気が大量に入り続け、大きな気の交流が行なわれる。Yさんがやったことは神の行為に近いものがある。

良い人たちに、良いことを、良い場で願っても、大きなエネルギーの交流はない。そういう人はもともと良いエネルギーを持っているわけで、あまり変化はないだろう。マザー・テレサに向かって「幸せになってね！」なんて祈るようなものだ。もちろん悪いことではない。

Yさんが通った場所はいつも雑然として気の悪いところだ。ひとりベンチに座って見ていると、くすんだ空気のなかで、いろんな人が交差し、通り過ぎていく。なんとなく見ていると、この人は貧乏そうだなとか、つらそうだなとか、独りぼっちだな、仕事がなさそうだな、悲しそうだなというのが分かる。だから、病気のようだと感じた人には「健康になりますように」、お金で困っていそうな人には、「仕事が成功しま

すように」、カップルが通ったら「お幸せに!」、運が悪そうな人に「幸（さち）あれ」と、それぞれの人に必要な言葉を乗せ、天にその祈りを送る。

数千万円の借金なんかは三日もやれば十分だろう。ほぼすべての不幸がひっくり返る。修行だと思って、見ず知らずの赤の他人を祝福してみよう。特別の動作は必要ない。ただ祈るだけだ。

大事なのは、同情も心配もしてはいけない。病気と不幸にフォーカスするとそれを引き寄せるだけだ。この人たちがこの先どんないいことがあるのか、それだけを考え、明るい気持ちでやってみる。そして神の祝福あれと感謝する。

閉じられた狭い自分を大きく広げて、外の世界と繋がろう。

「我」と世界との交流は、新しい開放的な自分の発見だ。そして世界はあなたと共に姿を変えていく。

11・イチローの小周天の力

正しく強く生きるとは、銀河系を自らの中に意識して
これに応じて行くことである

「農民芸術概論綱要」

小周天とは

もともと気功は仙人になる道の修行法だった。その第一歩に「小周天」という功法がある。小さく周回する天（マイクロ・コスミック・サーキット）と書き、小さな自分が天のごとく周回する。これができることで、「我」の完成を表す。

修行が完成して仙人ともなれば、霞を食べ、年を取らず、山奥に住み、ひとりで何ものにも煩わされずに悠々と生きていく。環境や状況、歴史、文化などに影響されず、外の世界とは関係のない、独立した「我」、分離した私だ。これは道教の思想で「タ

オイズム」といい、ひとつの王道である。何があろうともしっかりと生き、ブレず、自分が求める正しい道、天の道を歩む。夢と希望を追いかけ、努力を怠らず、自己実現をめざしていく姿だ。大リーグで活躍しているイチローに現代型の修行者の姿をみた。

イチローのすごさ

昨年（二〇一六年）、イチロー選手が大リーグ三千本安打という偉業を達成し、四十二歳という年齢で野球に取り組むストイックな姿勢が絶賛された。その試合後のインタビューで、日本ではちょっと考えられない、あからさまな質問があった。

「来年も野球はできますか？」

イチローの返しがとんでもなく素晴らしかった。

「この野球というジャンルがいい。十回やって三回打てれば名人になれます。三割バッターですよ。十回のうち七回失敗してもいい、成功率が三割でいい、という競技はなかなかないものです。逆にそれは、十回やっても三回しか打てない、という難しい競技でもあるということです。だから今日打てても明日打てるという保証はありません。

〈来年、このバッティングの技術で活躍できますか?〉という意味の質問なら、私には分かりませんし、それが分かる人はいないでしょう。

しかし、バッティングだけではなく、投げることと走ることは客観的な数字で測定できます。来た球を取り、投げるべき方向へきちんと投げられるかどうか、どのくらいの速度で投げられるか、コースがずれないか、こういうことはちゃんと測ることができます。走力にしても、百メーター何秒とか、ベースからベースを一周するのに何秒かかるかも測定することができます。それで言うと、実は去年より今年のほうが、二十代のときよりいまのほうが、タイムが良くなっているんです。そう考えると、自分には引退する理由はありません」

かっこいい。インタビュアーも脱帽だ。これこそがイチローの力、小周天の完成だ。自分が正しい道にいることを自分自身が知っている。

イチロー選手は、二〇〇七年にシアトル・マリナーズと総額九千万ドル(当時約百億円)の五年契約延長をした。六千万ドルは年俸として二〇一二年までに受け取り、残りの三千万ドルについては、二〇三二年まで二十年間で分割して支払われる。毎年一億五千万円ほどの金額が五十九歳まで入ってくる勘定だ。それについてのインタビユーがあった。イチロー選手は面白いコメントを放った。

「この契約金が仮に年五百万円の分割で払われたとすると、奈良時代か平安時代に支払いが始まって、今になって全額終わるぐらいの金額ですね」

彼は、機転の利いた賢い計算でアメリカ人記者を煙に巻いた。アメリカ人にしたら、奈良時代も平安時代も知る由がないので、そんな計算をされても見当がつかない。建国して数百年の歴史しかないアメリカへの嫌味もひそんでいるようで、おかしい。そしてもっと言ってしまう。◯◯円の分割だったら弥生時代まで、△△円の分割だと縄文時代まで行くねと。それも速球で答えていた。

イチローは他人事みたいに話しているので、自慢にも聞こえないし、へりくだっているところもない。賢い人だ。


イチローの凄さはそのプロ意識にある。

アメリカは国土が広いから、移動にかなりの時間が費やされる。時差も西海岸と東海岸では三時間もあり、選手たちの時差ボケによる不調が報告されるくらいだ。ダブルヘッダーともなると、昼と夜で一日二試合をこなさないといけないし、大変な体力が要求される。しかし、イチローは世界的に見ても怪我の少ない選手である。ストイックなトレーニングスタイルは伝説的だが、独自のトレーニングに、積極的な自己投資を続けている。

専用のトレーニングマシーンを八台購入し、キャンプの移動の度に、それらを分解し、空輸する。一回の輸送費は約一千万円。分解する人、輸送する人、組み立てする人、お抱えのマッサージトレーナー、栄養士——おおぜいのスタッフがついていく。いつどこにいても完璧なケアを得るために、経費は惜しまない。イチローが野球のために移動することで、それで生活している人たちが何人もいることになる。その自己投資の金額を問われれば、家が何軒も建つと答えた。

こう言い切った。

「プロのアスリートが自己投資をケチるのはバカげている。それがもったいないとか無駄だと思う人はもうプロじゃない。そのときは引退したほうがいい」

イチローは常に向上しようと望み、実際に向上する。そして、怪我をしない体をつくるために多くの時間とお金を割いている。

彼のモチベーションがユニークだ。イチローはヒットの数は気にするけれど、打率を考えるのは嫌いだと言った。なぜなら、打率は下がるが、ヒット数は下がることがないので、ヒットを積み重ねていくことだけを考えればいいと。これは、目標が達成されていく方向しかないということだ。彼のモチベーションはますます高まることになる。

イチロー選手のバッティングも、走塁も、本当に美しい。無駄な動きが一切ない。本人はまだまだ進化していけると思っている。進化するだろう。

メジャーにデビューし、そのシーズンを終わったとき、彼はこんなことを話している。「五十歳のシーズンを終えたときに、〈まだまだ発展途上ですから〉と言いたい」すごい選手だ。

小周天気功法とは？

あの人が嫌い、勉強が嫌い、あれはイヤ、これもイヤ、こんな時代に生まれてしまった――と他人や環境に影響されて、不自由で安心できない自分がいると嘆く人がいる。歩むべき天の道を自らが見失っている、とも言える。

たったひとりでも生きていけるという孤立主義的な意味ではなく、イチローのように、どんな環境においても独立して生きていく強さを持ち、他人に巻き込まれずに、自然に歩んでいく。そのトレーニングが気功法でいう小周天だと、ぼくは思う。

人の体は見えないオーラ、気のフィールドに包まれ、それはある一定の方向で巡っている。その流れを整えていくことで、幸せな自分をつくっていくことができる。

水が澱むと腐るように、気も澱むとオーラが汚れ、邪気を発し、病気や不幸の元をつくる。小周天とは、流れる水のように気の流れを良くすることで対流を起こし、それが発電機となって、オーラ自体が輝く気功法である。取り込んだ邪気は気の対流の中でクリーニングされていく。これはすべての不幸をリセットする基礎となる。

人体の前面の正中線のラインと、背骨のラインに沿ってエネルギーが流れている。その流れを対流させるのが小周天である。具体的には、両手でエネルギーボールをつくり、正中線に沿ってそのボールを自分で流していく。

最初に、エネルギーボールをチャクラの位置で感じる修練をする。任脈（前面の正中線）上には七つのチャクラがあり、督脈（背面の正中線）上は各チャクラの真後ろの辺りで、各々のチャクラの位置で手に持ったボールを一分間止めておく。これで各チャクラのお掃除になる。次の流して動かす訓練は感覚が強まってからするとよい。

小周天は、基本的には男性と女性では流れが反対である。これは、ぼくの気功の師矢山利彦先生が発見し、男性回り、女性回りと名づけられた。（『気の人間学』ビジネス社）

男性回りは、頭頂から前面（任脈）を下り、背面（督脈）を上がる。逆に女性回りは、頭頂から背面を下がり、前面を上がる。男性回りは積極的、能動的という性質があり、女性回りは優しさ、受動的という性質をもっている。

この二つの方向は髪の毛をイメージすると分かりやすい。男性は侍のちょんまげで、束ねた髪を前に向けている。女性は長い髪を後ろで束ねたおすべらかし。ちょんまげは男性的なエネルギーを発生させる髪型であり、おすべらかしは女子力アップの髪型。髪の毛は気を通すので、理にかなった髪型と言える。

男性回りか女性回りかは、必ずしも性別と一緒とは限らない。また、性別と反対だから悪いということもない。ただ、自分の順方向を確認することに意味がある。

積極性が必要だと思ったら男性回りを、優しさが必要なら女性回りをしてみる。自由にチューニングできるので、両方回してみるのも良い訓練になる。

問題はこの気の流れが滞っていると、オーラが汚れ、病気や不幸の元となることだ。手から気を出しながら、その流れを誘導するだけで元気になっていくので、定期的に修練することをお勧めする。

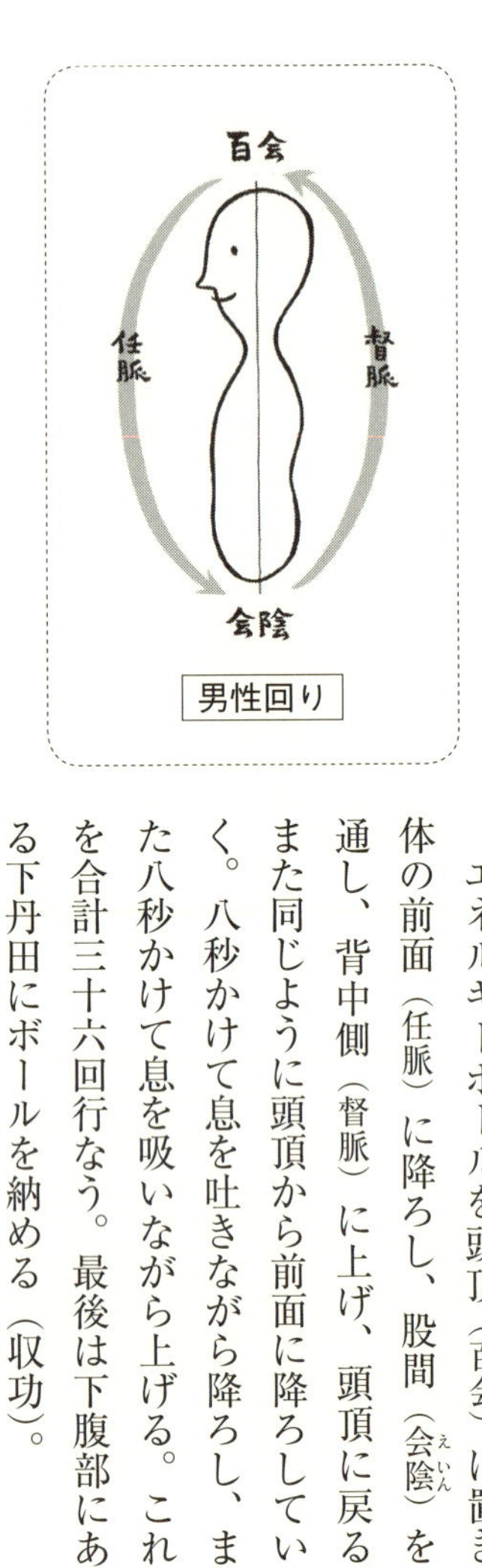

男性回り

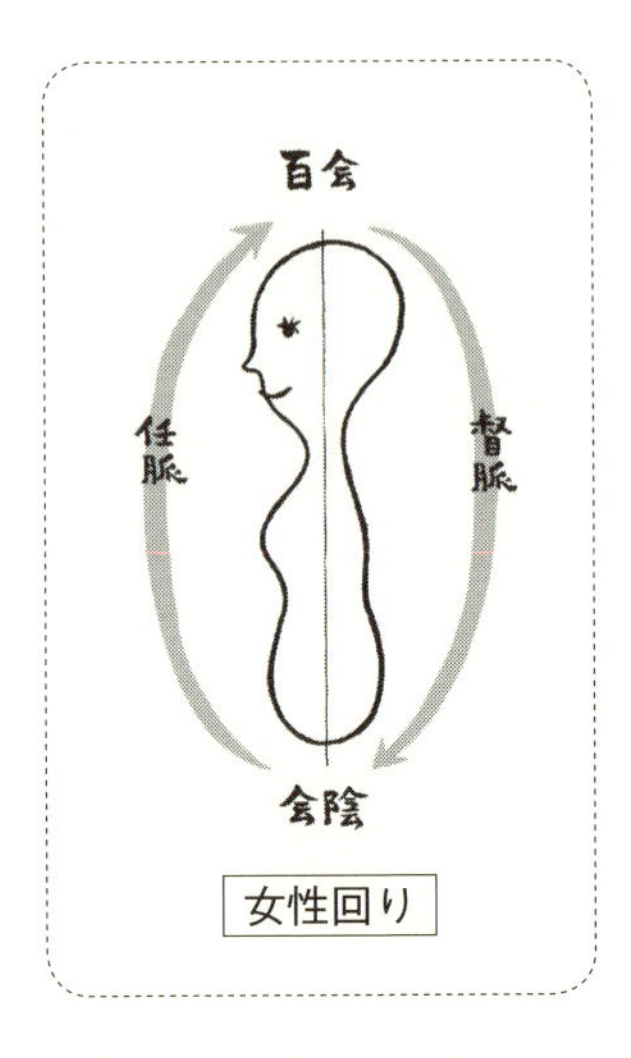

女性回り

エネルギーボールを頭頂（百会）に置き、体の前面（任脈）に降ろし、股間（会陰）を通し、背中側（督脈）に上げ、頭頂に戻る。また同じように頭頂から前面に降ろしていく。八秒かけて息を吐きながら降ろし、また八秒かけて息を吸いながら上げる。これを合計三十六回行なう。最後は下腹部にある下丹田にボールを納める（収功）。

エネルギーボールを頭頂に置き、背中へ降ろし、股間を通し、体の前面に上げていく。八秒で息を吐きながら降ろし、また八秒で息を吸いながら上げる。このルートを三十六回行なう。最後はお尻の下部にある仙骨の位置にボールを納める（収功）。

『医方集解（いほうしゅうかい）』という中国の医学の古典に、小周天が開通すると「百病を癒す」と書かれている。ほぼすべての病を百の病に例えたわけだが、小周天という用語が初めて出現した本でもある。

すべての不幸は体に現われる。イヤだ、悲しい、苦しい、イライラするなどの思いがあると、小周天ライン上のどこかで気の流れが乱れている。すると、体のどこかがこわばったり、冷えたり、痛みが出たり……症状が出てくる。そこで、小周天の流れを回復させると、体は温かくなってリラックスする。柔らかく、しなやかな体に戻り、元気になり、安心感を感じる。そうなれば状況は何も変わっていなくても、主観としての不幸は先に消えてしまうだろう。体を通して心を動かすのだ。

12・大野将平選手の大周天

われらは世界のまことの幸福を索ねよう　求道すでに道である
「農民芸術概論綱要」

力と美しさがなければならない

大周天とは、天地のエネルギーを引き寄せる気功法である。百会（頭頂）のチャクラから天のエネルギーを吸収し、仙骨のチャクラから地球のエネルギーを吸収する。太陽と月、さらに地球のエネルギーを自力で自分の体に引き寄せ、天地と繋がる。すると、あなたがどんな運命を持っていようが、その運命から離脱でき、あなたは宇宙と繋がっていく。天と地を味方にする能力だ。大野将平選手が見せた一連の姿には、その大周天のパワーを感じることができる。

リオ・オリンピックで感動したことがある。

日本の柔道男子は前回のロンドン・オリンピックで金メダルを逃し、そういう事情のなかで選手団には切羽詰まった雰囲気が漂っていた。このプレッシャーのなか、七十三キロ級の大野将平選手がすべて一本勝ちで勝ったのだ。それも、巴投げなど多彩な技を見せながら、悲願の初金メダルとなった。

彼が残した言葉、その振る舞いが素晴らしい。表彰式の壇上でガッツポーズを見せることもなく、笑みもこぼさなかった。礼に始まり礼に終わる――敗者を侮辱しない柔道の精神を見せた。

柔道は昔とはルールが変わってきて、「有効」や「技あり」のポイントでも勝てるので、「一本」にこだわらなくなっていた。百キロ超級の絶対王者といわれるフランスのテディ・リネール選手は予測どおり金メダルを取ったが、ずっと腰を引き、腕を突っ張り、「有効」で勝った。組み合わない彼のスタイルに、会場から大ブーイングが起こった。

試合の後のインタビューで、大野選手の言葉にぼくは鳥肌が立った。

「自分が求めている柔道は、力と美しさがなければいけない、と考えています。心技体すべてにおいて他の選手を圧倒すること、これが私の目標です」

これが本当のゴールだ。この意識でいるとき、人は限界を超える。

彼が勝ったのは偶然ではない。

ある人間が持っているものを完璧にこなし、その行為（doing）が極限までたどり着いても、それだけでは限界を超えることはない。自分という器の中で、自分にできることを目いっぱい果たしたとしても、それは器が満たされただけにすぎない。人間が完全であることを目指すとき、自らの限界を超え、思いもかけぬ力を発揮することがあるからだ。

このとき大野選手は、まだ二十四歳だったが、ただ「勝つ」ということではなく、己の限界を超えるためにすごいことを目標にすればいいと気づいたのだ。

自分が行なうすべてをアートにする、芸術としての道を生きる。それを目指すと、その人の所作、行為に気が混じる。

リネールがいみじくもこう言った。

「現在、一番美しい柔道を見せるのが大野だ」

美しさはパワーだ

この世界は美しい。自然界は美しさに満ちていて、その美しさは「フィボナッチ数」、あるいは「フィボナッチ数列」として表現できる。その美しさの比率、一対一・六一八は、「黄金比」と呼ばれ、フィボナッチの図形と数列からはエネルギーが湧いてくる。

ピタゴラスはこの比率を秘密にし、プラトンは世界の謎を解く鍵として明らかにしようとした。これは、建築においても美術においても、物事を最も美しく見せる比率となっているが、元をただせば淵源は自然界にある。自然界は黄金比でつくられている（『黄金比』スコット・オルソン著　創元社）。巻貝、ひまわりの種子の配置、松かさの実のつきかたに現われる螺旋の数値もフィボナッチ数であることが多い。だから美しい。美しいということはそのままパワーなのだ。普遍的原理に乗っかった、消すことができないパワー、つまり万能の力である。世界はそれでできている。

勝つことを目指し、効果を求めて、ただ勝てばいい、儲かればいい、というのは、限界の内側にいることだ。そこに美しさはない。

その昔、柔道はニッポンのお家芸だった。他国の柔道はそれほど強くなかった。外

ヒマワリの種の螺旋の数を数えていくとフィボナッチ数が現われる
photo by FrogLeap-sha

国勢は、圧倒的な体格の良さ、筋力の強さというアドバンテージで日本柔道との差を埋め、日本はお家芸なのに勝てなくなった。だから勝てる柔道を求め、技、スピード、キレを要求し、二十年以上も成果と効果を求める行為（doing）だけの柔道になっていた。

これは、ある程度はうまくいくに違いないが、これで限界を超えることはない。というより、いつまでたってもこれでは限界を超えることはない。そうではなく、圧倒的なパワーで勝利する側に立つのだ。それは「美」の追求となる。あなたがその立場に立ったとき、あなたの所作は礼になり、負けた人までが納得する美が残る。

勝ちにいくだけの人生では、たとえ勝っても美しくない。コトは簡単だ。あなたが選ぶすべての行為に、完全な美の世界を当てはめてみる。それには、あなたの行為と目標に、力と美を混ぜればいい。すると、願っていることが叶えられる人生に変わる。なぜならそこに美があるから、ゴールがエレガントに近づいてくる。

今あなたが仕事や病気でとても困っているとしよう。すると、リスクマネジメントの観点から、何をどうすべきかを考えて行為（doing）をするだろう。どうしたらうまくいくか、最適化を図ろうといろいろなことをやってみる。でもうまくいかない。

それは、自分は困っている、失敗しているという前提に立脚しているからだ。そもそもリスクマネジメントの考え方が間違っていると思ったほうがいい。どうしたら不幸な現実から逃れられるかという発想では、永遠にゴールはない。

ではどうするか。

自分の価値観がガラリと変わるように、世界と「我」との関係を大きな視野でもう一度見直すのだ。すると今の現実で何をしたらよいのかという目先のアイディアの他に、力と美しさが必要であることや、心技体すべてにおいて上回るために要求されているものが分かってくる。そこから、人間は完全な存在であり、宇宙と完全に共鳴できるのだということが分かってくる。するとあなたの奇跡が始まる。それは、あなたが頭の中で、自力でパラダイムシフトを行なう行為なのだ。

ゴールを完璧にするために行なったこと

もうひとつ、ゴールを完璧にする技がある。人の運命のすべてをリードするのは、自信でも、イメージでも、記憶でもない。瞬間瞬間に頭の中で唱えている文章、つまりロジックである。大野選手は、試合中の不安をこれで解消した。

彼は、試合が終わった直後、インタビューでこう話した。

「プレッシャーを感じていた。相手は世界ナンバー2の選手で、上背も力もあり、実力がある。彼と当たってしまったから、理想の柔道ができるかどうかも分からないので、試合の最中は〈集中・執念・我慢〉〈集中・執念・我慢〉と、ずっとこの言葉を自分に言い聞かせていた」

試合中は、技がかからないときもあるし、攻められて負けそうになることもある。でも、「あ、負けちゃう！」と頭の中で言ってしまうから負けるのだ。言葉は力である。言霊は強力だ。自分のエネルギーと技術を開放できるように、ずっと「集中・執念・我慢」と唱え続けることで、彼の柔道はメンタル次元の気（魂）が混じったものとなった。

ぼくたちが見たかったのは、この世界だ。

ここを真似してほしい。完璧なゴールを要求する。そして、行為は言葉から始まる。頭の中でゴールへの言葉を唱えればいい。

リオ・オリンピックの直前、子どもたちに教えている大野選手の姿がテレビで紹介されていた。彼は、「一本」を取るということ、きれいに投げるときの技の美しさ、素晴らしさを語りながら、そのときの気持ち良さを子どもたちに伝えていた。

彼は柔道を小学生のときに始めたのだが、大きな体格の中学生や高校生に向かっていき、負けると悔しくて泣いていた。負けるのは仕方がないことだが、彼にとって、体が小さいとか背が低いのは関係がないことなのだ。また、勝ったのに泣いている姿もあった。さっきの技はぶざまだ、もっときれいに技をかけなければダメなんだ、腹立たしかったと。彼の理想とするゴールがすでにそこにあった。

いろんなジャンルに共通なのだが、これまで肉体的に不利となる小柄な選手は、小さいからスピードでは負けないとか、技で勝つなどと言ってきた。

大野選手は違っていた。彼は「心技体のすべてで、他の選手を上回らなければいけない」と言い、それを自分に要求した。完全な柔道を求め、そこにゴールを置いたのだ。ゆえに、完全なる世界に近づいた。この人は本当のゴールを知っている。その上で、相手の人を思いやることが礼儀であると分かっている。

彼の力は大周天の力だ。我を捨てた大道(たいどう)、誠(まこと)の道に至っている。すると宇宙の力が集まり、限界が消える。神仏の世界と繋がることができる。

神仏はあなたを助けるだろうか

あなたは人間がどんなにすごい存在なのかを知らない。本当にそれが分かったら、何でもできる自分がいる。加えて、もうひとつ大事なことがある。神仏がいるとして、神仏が本当にあなたを助けるかどうかだ。

あなたが人間性を高めるとき、あなたの可能性はそれを目指さなかったときより大きく広がっていく。そうなったとき、神仏はあなたを助ける。なぜならあなたが完全であることを目指したからだ。そして向こうの岸から神仏の船がやってくる。文字どおり、渡りに船だ。

大川をこちらから泳いで渡る。または、向こう岸に行くために丸太で筏を作って漕いで行こうとする努力は重要だが、向こう岸から神仏の乗った豪華クルーザーがやって来て、それに乗り込むことができたらどんなに最高だろう。冷えたシャンパン付きの奇跡のクルーザーだ。筏を作り続けながらその豪華クルーザーを待つわけだが、その労苦が報われても報われなくても気にしない。今日までの筏作りの努力が報われず、時間が過ぎて死んでしまったら、あなたはなんの効果もないことをしていたのだろうか。いや、違う。あなたは向こう岸に行くそのゴールが分かったのだ。周りの人にとってなんの価値もない筏作りはバカにされるかもしれないが、あなたは向こう岸を見たのだ。今やっていることだけを目標にしていたら、あるべき姿は生まれない。

大周天気功法とは？

自分を垂直に立っている一本のチューブだとイメージする。百会（頭頂）にチューブの穴が開いて、そこが天からの気の取り入れ口となり、仙骨の先まで続いている。チューブは仙骨で左右の足に分かれ、足の裏のツボ、両足の湧泉に続き、湧泉が大地へ繋がる口となる。基本的な大周天法は、このイメージで呼吸法を行なう。

足は肩幅に開き、足先を平行にして、肩の力を抜いて垂直に立つ。

百会から、天から降りてくる気のイメージをゆっくりと吸い込み、その気を体の中心を通して、仙骨へ、仙骨から分かれて両足へ、左右の湧泉から抜けて地面へ、息を吐きながら気を流していく。このとき、両手は呼吸のイメージに合わせ、両手を上げて天から気を吸い込み、下へ流す動作となる。

今度は逆に、両足裏の湧泉と仙骨から大地の気を吸い込む。体の中心を通り、頭まで通し、頭頂から気を吹き出すイメージで流す。両手は下から取り込む感じで、中心から上へあげて、最後は頭上につき抜ける。これを何度か繰り返す。慣れてきた

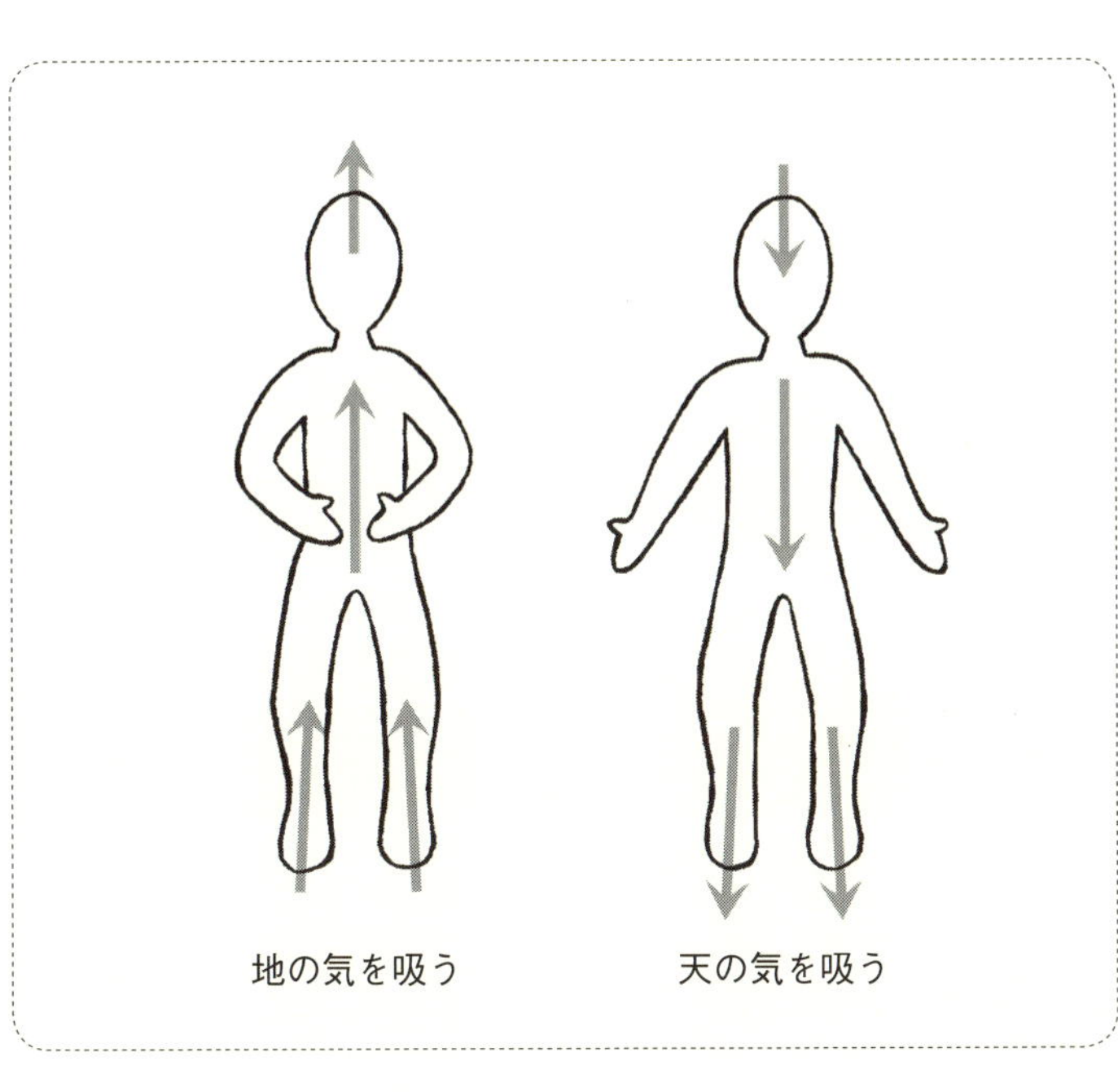

ら、元気・やる気・金運・仕事・創造力・決断力・行動——望みのものがすべて入ってくるイメージで続ける。最後は、頭部から足部へ気を降ろして終了する。何度か繰り返して、意識を日常に戻す。

大周天を体得すると、能力が格段に上がり、無尽蔵にある気を利用することができる。天の気を吸うと、運が良くなり、可能性が広がる。地の気を吸うと、体が元気になり、願いが現実となり、自分がしっかりする。

13・ピタゴラス、宇宙へ飛ぶ

あの雲にでも手をあてて
電気をとってやらうかな

「春と修羅」

古代の魔術師たち

ぼくたち人間ははたして進化しているのだろうか。賢くなっているのだろうか。はたまた退歩してアホになっているのだろうか。時々ぼくは疑問に思う。古代には惑星の音を聞き、星と交信し、宇宙の真理を得た人たちがいる。「数」によって森羅万象を解釈し、宇宙的な生き方を見いだした人がいる。

五千年前とも六千年前ともいわれるが、惑星を観測できる民族がいた。メソポタミア流域の砂漠の地にバビロニア王国を建国したと言われるカルディア人だ。彼らは、肉眼で夜空の星を測定することができ、天体の運行について高度な知識を持ち、惑星配列の順番さえも知っていた。自らを羊飼いと称し、夜空に輝く星々を「天の羊の群れ」、惑星を「年寄りの羊」と呼んで、砂漠の地で直観力と星占いだけで生きてきた不思議な人たちである。

原初のカレンダーをつくったのがこのカルディア人であり、「カレンダー」という言葉の起源はそこからきている。カルディア人は、太陽（日曜日）を始まりとした一週間の流れ、日月火水木金土の順序を決め、そのなかに太陽系惑星と地球の位置を隠した。それらを積み重ね、一年の暦をつくり、未来を予知する占星術をつくった。

魔術師・ピタゴラス

その数千年後、フェニキアに生まれ、各地を旅し、世界の英智を身につけた超人がいる。ぼくの憧れの魔術師、ピタゴラス（BC五八二～BC四九六）だ。故郷のフェニキアで算術を学び、あのカルディア人から天文学を学び、エジプトで宗教の密儀を学び、宇宙の真理を体得したと言われる。

ピタゴラスというと、一般的には「ピタゴラスの定理」くらいしか知られていないが、彼は大魔術師といえる異能の人で、とんでもない伝説がいくつもある。動物と自由に話ができて、暴れている熊を退散させた、オリンピックの競技中に鷲を呼び寄せた、透視術ができた、瞬間移動ができた——。すごいのがドッペルゲンガー（自己分身術とでも言ったらいいのだろうか）だ。ある年の同日同時刻に、何キロも離れた二つの場所で、ピタゴラスが講義をしていたと伝えられている。そう、もうひとりの自分を発生させる術だ。謎に満ちている。

彼は四十歳を過ぎて、真理を探求する弟子たちとピタゴラ

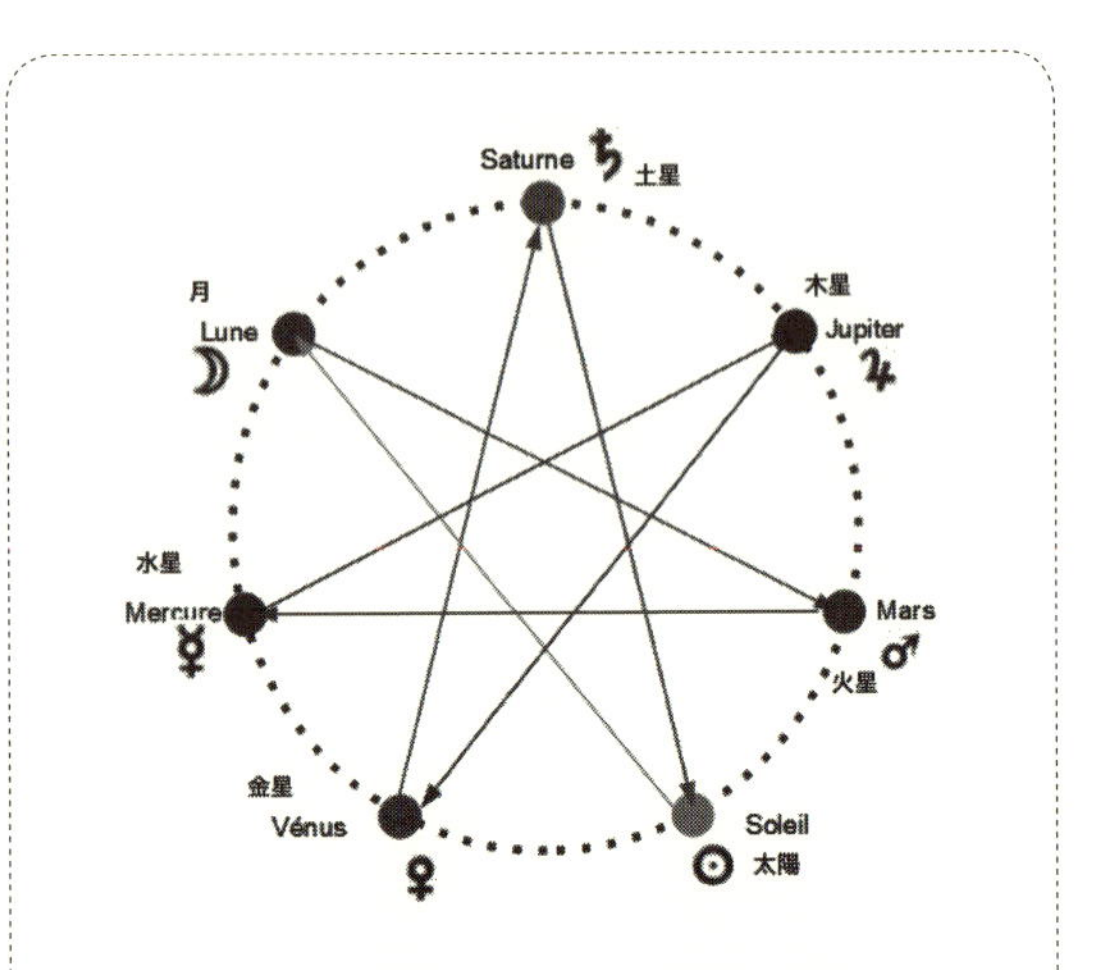

カルディアン・オーダーといわれる地球からの見かけ上の公転周期の順序（土星、木星、火星、太陽、金星、水星、月）で太陽系の星を円形にならべ、太陽から一筆書きで七芒星を描くと、見慣れた曜日の順序（太陽→月→火星→水星→木星→金星→土星）が現われる。これは西洋魔術としても伝統的に伝えられている。（FlogLeap-sha）

ス教団という秘密結社を創立した。教えていたのは数学、天文学が中心だったが、それは秘教的数学と言える自然魔術的なものだった。そこには、大周天のように、世界の力をお借りするという発想がどこかにあり、自然の要素をエネルギーとして捉えている。またピタゴラスは、万物は音であり数であるという感覚を持っていたが、これはまさに波動理論そのもので、ぼくたちの求めるセンスに近いものがある。

木星で聞こえる音

ピタゴラス教団に入団するには難解で風変わりな試験があり、これに合格しないと許可されなかった。

例えば、こういう題が出された。

「木星へ行って、何が聞こえるか？」

つまり、木星まで行って、木星の宇宙空間でどんな音が聞こえるのか言えというのだ。目を閉じて、月を超え、火星を超え、木星に行き、そこで音を聴く。ピタゴラスは各惑星の音を聴くことができた。しかも、壮大で美しい思想を持っていた。惑星はそれぞれ固有の音を持ち、太陽系惑星全体で和音を奏でているという。彼はこれを天球の音楽と呼んだ。プラトンやヨハネス・ケプラーも同じことを書いている。

さて、入団試験の解答だが、ピタゴラスの正解は「イルカの鳴き声のような音」だった。

二十世紀になって、NASAがボイジャーなど宇宙船を飛ばして、惑星を撮影した。その行程で宇宙船にノイズのようなシグナルが入り、これはいったい何だろうということになった。そのシグナルの波長は惑星間で違っていたのだが、それは各惑星が発していたシグナルだということが分かり、それぞれの波長が音に変換された。

「星が歌っていた」

はたして木星の周波数の音はイルカの鳴き声だったのか。

NASAが提供した木星の音は、どう聴いてもイルカの鳴き声のようには聞こえない。しかし、二〇〇六年、NASAからミステリアスな調査結果が開示された。木星を長年探査していた探知機「ガリレオ」のデータが解析されたのだが、木星の衛星エウロパから、未知の生命体の鳴き声のような音がセンサーで検出されたという。氷に閉ざされたエウロパの氷層の下は海洋になっていて、生命が存在している可能性があるという情報も出てきた。その音は地球のイルカが発する音とほぼ等しく、誤差〇・〇〇〇一%しかなかった。

中央、本を持っている人がピタゴラス
（https://en.wikipedia.org）

ピタゴラスは木星まで飛び、エウロパが発する音を聴いたのだ。
では、ピタゴラスはどんなふうにして木星に行ったのか。

宇宙空間に行く観想法

神道家、友清歓真（ともきよよしさね）先生（一八八八～一九五二）の観想法がある。瞑目し、瞑想に入る。自分の意識が空の空間から壮大な宇宙空間へ入っていく。物質である肉体から離れて、意識だけを宇宙へ移動させるようなもので、仙道では「出神（しゅつじん）」とも呼ばれた。

ぼくたちは、この観想法を武術的な気功法として鍛えていくことができる。気功で皮膚感覚を変容させていくのだが、自分の存在を意識的に変えるというか、知覚の扉を開くのだ。

瞑目し、いま自分は水の中にいると思い、手で掻きながら水の中を移動し、全身で浮遊感を感じていく。すると水に濡れているという意識が皮膚の知覚そのものに変わり、このとき知覚する水が気の空間的な領域となる。普通、我と自分以外の世界を知覚するとき、聴覚と視覚しか使わないからフォーカスが決まってしまうが、自分が動く空間が水だと感じられると、知覚すべてを変容させることができる。

しばらくすると、その水のバリアすべてがアストラル体になり、感情でできているということが自分のどこかで繋がっていく。すると、武術的な体の操作であったはずのものが、愛とか癒しに繋がっているという認識が起こってくる。同時に、自分の体と水との境目はなくなり、あなたは水そのものになり、広がっていく存在という感覚が起きる。

水になったこの体で瞑想しながら、液体から気体に変えていく。水の粒子がだんだん小さくなり、軽くなり、半透明の水蒸気になる。さらにどんどん軽くなり、ガス状の体になり、目に見えない気体になる。物質だった自分の重い体が透明な気体となり、上へ上へと上がっていく。天井を突き抜け、雲を突き抜け、空を突き抜け、宇宙空間に入っていく。これは一種の幽体離脱だ。

では、どのように修練するのか。

これは、夜寝ているときに行なうのだが、脱魂して、意識だけ飛んでいく練習だ。

まず、光のボールが体の中にあると想像する。最初の吸う息で、その光輝くボールを確認し、意識する。吐く息でボールを上昇させる。息が止まると、ボールの動きも止まる。次の吸う息でボールにエネルギーを貯める。吐く息でまたボールが上昇していく。吸う息でボールにエネルギーを貯め、吐く息でボールが上昇する……。

これを繰り返して行なう。魂を体から外して、垂直に意識だけ飛んでいくというイメージだが、なかなか天井が越えられない。でもそこを越えて、どんどん上に行くと、あなたの町が見え、平野が見え、日本列島が見えてくる。これができるようになると、意識の拡大ができるようになる。宇宙空間へ飛ぶことも可能だ。毎日、十分くらい遊ぶとよい。

収功した後、意識がはっきりしない場合は、エドワード・バッチのレメディ「クレマチス」が日常意識に戻るのを助けてくれる。

心理学者のカール・G・ユングは、自伝（『ユング自伝2』みすず書房）に臨死体験中に幽体離脱して、宇宙から見た地球の姿を書いている。

「私は宇宙の高みに登っていると思っていた。はるか下には、青い光の輝くなかに地球の浮かんでいるのが見え、そこには紺碧の海と諸大陸が見えていた」

これをユングが体験したのは一九四四年のことである。アメリカの「アポロ計画」で宇宙から撮られた「青い」地球の写真が公表されたのは一九六八年、人類初の宇宙飛行士、ガガーリン少佐が地球の姿を見たのは一九六一年のことで、そのときガガーリンは宇宙から「地球は青かった！」と地球上の人々に発信した。それより十数年前に、ユングは「青い地球」を見ていたのだ。
空想で、宇宙の旅をしてみるのはいかがだろう。青い地球が見えるかもしれない。

14・モモは能力者だった

サガレンの朝の妖精にやった
透明なわたくしのエネルギーを
いまこれらの濤のおとや
しめったにほひのいい風や
雲のひかりから恢復しなければならないから

「オホーツク挽歌」

傾聴する力

「ネバーエンディング・ストーリー」というファンタジー映画は、有名なドイツの児童文学作家ミヒャエル・エンデ（一九二九〜一九九五）のファンタジー小説『はてしない物語』が原作で、神秘主義の教えを子ども向けに描いたものだ。大人も子どもも楽しめる傑作だが、もう一冊の傑作、『モモ』（共に岩波書店）をご存じだろうか。大人向けの深い内容で、あなたが能力者を目指すなら必読の本だ。

モモというホームレスの少女が古代劇場に住みつくところから物語は始まる。親のいない幼い少女を周りの人たちが交代で世話をして育てていく。モモは、天真爛漫で、無邪気で、優しくて、とってもいい子で、誰もが愛さずにいられない。

そのうちに不思議な現象が起きる。世話をしている大人たちは、嫌なことがあったり、悩みがあったりすると、なぜか幼いモモのところに相談に行く。最初は、ただモモの世話をしながら世間話をしていたのが、いつのまにか自分の困りごとまで持ち込むようになっていた。しかも問題は必ず解決された。モモはといえば、ただ話を聞いているだけ。自分の意見やアイディアを言うわけでもなく、何をするというのでもない。困っている相談者が自然に自分の中で最適な知恵を見つけ、問題解決の糸口を発見していくのだ。

アメリカの心理学者、カール・ロジャーズ（一九〇二〜一九八七）が目指したカウンセリングの中に、「傾聴」という技法がある。

当時のセラピーでは、「ああしろ、こうしろ」という指示型療法が盛んだったなかで、ロジャースは、あれこれ指示したりせずに、共感的に理解し、受容し、聞いたことを繰り返す、クライアントとカウンセラーの関係性の大切さを提唱した。人は良くなる力を内に秘めていて、自己との対話によってその内在する力を開花させるという、クライアント中心療法の技法のひとつである。

モモがしたことはカウンセリングの秘技であり、一歩進んだ共感力とも言える。モモは「傾聴」の達人だった。

ぼくたちの気のテクノロジーで言うと、二人の間に共振現象が起こり、やがて双方で完全な共鳴現象が起こったということである。

『モモ』にこんなふうに書かれている。

「モモに話を聞いてもらっていると、ばかな人にもきゅうにまともな考えがうかんできます。モモがそういう考えを引き出すようなことを言ったり質問したりした、というわけではないのです。彼女はただじっとすわって、注意ぶかく聞いているだけです。その大きな黒い目は、あいてをじっと見つめています。するとあいてには、じぶんのどこにそんなものがひそんでいたかとおどろくような考えが、すうっとうかびあがってくるのです」

モモは相手の話を聞くだけで、相手に自分の問題点をそっくりそのまま丸呑みで映してあげる。すると、合わせ鏡のように、相手は自分の問題点が全部見えてきて、そのことで「ここがまずかったんだ」と発見する。これが傾聴の力だ。カウンセラーはクライアントと一体化し、すべてを包み込んだだけでなく、解決策を自動的に発生させる。つまり、カウンセリングのゴールは、クライアントが話し始め、その話を聞いてあげるだけですべてが解決することにある。

傾聴の一番のメリットは、クライアントを依存させないことだ。クライアントは独り立ちできる力を自然に発生させるという、双方にとって理想的な関係性が生まれる。しかし、現実のカウンセリングではカウンセラー自身に問題が起こる。あなたがクライアントから聴くのはほとんど不幸話だからだ。

クライアントは問題があるからあなたのところに来るので、ネガティブなオーラに包まれている。あなたが相手の心に寄り添い、同情し、問題にフォーカスすればするほど、あなたの心もネガティブなオーラ、闇の中に包まれる。つまり、いい人ほどやられてしまう。心優しきカウンセラーにウツが多いのにはこういう背景がある。

どうしたらいいか。

クライアントの話を聞きながらも、あなたは心の中で青空やお花畑とか、きれいなものを見ていないといけない。そういったきれいなものを見ているだけであなたからプラスのエネルギーが発生し、クライアントはあなたから大きなパワーを得ることができる。それは相手への治療となり、同時にクライアントの問題も解決されていく。

これは大周天気功法的な癒しと言っていい。


モモは常日頃からそういった美しい自然と繋がっていた。モモに話を聞いてもらう人々の問題は、モモの描いた美しい世界の中に呑み込まれていったのだ。

コオロギやスズムシの倍音を聴く

モモの能力はどうやってつくられたのか。

モモは音を聴く。木々のざわめき、雨だれ、カナリア、犬、猫、ヒキガエル、コオロギ、自然界の音や鳴き声に耳を傾け、静かにずっと音を聴く。そして大自然に共感することによって世界と一体になり、世界の力を蓄えていく。

著者のエンデがルドルフ・シュタイナー（一八六一〜一九二五）に傾倒していたという背景があるのだが、モモがやっていた単純で神秘的なことはシュタイナーのチャクラ活性化の秘技のひとつで、エンデ自身がやっていたのだろう。コオロギやスズムシの倍音の響きはチャクラをオープンにする働きがある。

これは古神道の秘技、音霊法と同じである。文字どおり、音の霊を聴く。音に集中して、気の能力を開発させる方法で、音霊法をやるだけでいろんな能力が目覚めていく。右脳の超次元を開けていく右脳開発テクニックと言える。

季節になったら、スズムシやコオロギの音をぜひ聞いてほしい。録音したものでもいい。特に鈴の音色を持つスズムシの羽音はエネルギーが高く、スズムシの音で音霊法を行なうと、すべてのチャクラがオープンする。

「カーン」という鹿威しの音はうるさい？

さらにモモの特殊性は、モモが「日本人脳」を持っていることだ。たぶんエンデは、シュタイナーの秘技で修練していたに違いない。もともと西洋人には自然の音を聴く習慣も能力もないからだ。

医学者、角田忠信教授は『日本人の脳』（大修館書店）で、日本人の脳は非常に特殊な脳だと論じている。

日本人は虫の音や風鈴の音を風流な音として聞くことができるが、外国人にとってそれは単なる雑音としてしか耳に入ってこない。これは母音を主体とする言語（日本語・ポリネシア語）と子音を主体とする言語（英語その他ほとんどの外国語）では、脳の処理の違いがあるからだ。母音語族は自然の音を右脳で感じつつも、言語脳の左脳で捉えることができるので、スズムシの「リンリン」という音や、風の「ヒューヒュー」という音を言語で表現できるし、ときには何かを語りかけているようにも聞こえる。つまり自然音を聞くとき、母音語族は右脳も左脳も同時に働いている。それに対し、子音語族は、自然音を感情脳の右脳で捉えるので、そこにメッセージ性がなければただの雑音としか入ってこない。あるいは、脳に残らず、通り過ぎてしまう。外国の人は、京都や奈良のお寺で鹿威し（ししおど）の音を聞いても、うるさいと思うようだ。

古代日本に言霊文化が生まれたのも、この特殊な日本人脳から来ている。万葉集や古今和歌集、新古今和歌集は、言葉に宿る気を自由自在に使える歌人たちによってつくられた。その歌人のひとり小野小町は絶世の美女として知られているが、天下干ばつ時に高僧に頼まれて雨乞いの和歌を詠んだ。

千早ふる　神もみまさば立ちさばき　天のとがはの樋口あけたまへ

小野小町がこの歌を詠むと大雨が降り、彼女は「雨乞い小町」と呼ばれるようになった。

日本人には、この脳のおかげで森羅万象と繋がる能力があったと言える。

友清先生の音霊法

音霊法については、前出の神道心霊学者の友清歓真が著作『神機鈎玄（しんきこうげん）』（天行居）の中で紹介している。友清先生は、「宇宙そのものが音霊である」と言った。方法はいたって簡単。

座って、瞑目して、「変動のない一定の音」を聴く。最低十五分から一時間。背筋を真っ直ぐに立てて座る。両手を重ねて丹田に置く。重病の方は、仰向けに寝たままの姿勢で聴く。

雑念があっても気にしない。ただ音に戻って聞くだけでいい。そのうちに雑念があってもどうでもいいやと思えてくる。すると雑念は消えていく。

友清先生は時計の秒針の音を聴いていたが、自然の音を聴くのでもいい。今は、風の音、波の音、水の音など自然界の音のＣＤを手に入れることができるので、それらを利用するのもいい。音楽のメロディーやリズムは、調べやリズムに意識が流されるのであまり適切ではない。

この音霊法を長く続けていけば、あなたの中になんらかの変化が起きるはずだ。この方法でたくさんの病人が救われたと伝えられている。自律神経やホルモンや心臓の働きが調節され、毒素が体外に排出されるという。また神通力や霊能力を獲得する修練としても行なわれた。

友清先生は、隣の部屋で炊いている線香の灰が落ちるのが聞こえたという。それは、聴覚で聴いたのではないと思う。

「科学は音覚（聴覚）の器官は耳であると教へる。だが、じつは皮膚にも毛髪にも足の裏にも耳がある。耳といふものは額の両面と壁とにのみあるわけでは決してない。故に電車内に並んで座してゐる若い男女は初対面で又一切沈黙してゐても、実は盛んに会話を交へて居るものである。」（『霊学筌蹄』第六章　音霊法）

この修練は一生を通して実行することをお勧めする。

15・無敵のマントラ「オン シュダ シュダ」

まことの言葉はここになく
修羅のなみだはつちにふる

「春と修羅」

邪気を跳ね返す

われらが弘法大師空海さんの師匠の師匠にあたる、善無畏三蔵（六三七〜七三五）法師がつくられた無敵のマントラがある。

「オン シュダ シュダ」（Om shuddha shuddha）

善無畏三蔵法師は古代インドの烏荼国の王子として生まれ、高僧となり、唐の都・長安に国師として迎えられた。空海さんが室戸岬の洞窟で修めた『虚空蔵求聞持法』

も、『大日経』も、唐の時代にこの法師がインドから持ってきて、中国語に翻訳された。空海さんがその恩恵を大きく受けている。

「オン シュダ シュダ、オン シュダ シュダ、オン シュダ シュダ」

これは、邪気を跳ね返す最強のマントラだが、密教が確立する以前から重用されていた。密教を始めたばかりの初心者は、まだ知もなく、法力もない。才能の差もあろう。だから、この真言を唱えることで汚れを断ち、浄化された状態となり、修練に励みなさいと伝えられている。

心身の浄化、場の浄化、周りに存在するネガティブなもの・ことの消去、悪い出来事をリセットする——なんにでも使える。そして何万回でも唱えられた言葉だ。「シュダ」とは、カルマの浄化を意味する。また、未来の浄化もする。だから日頃から何度も唱えるといい。

道を歩いていて、嫌な気と出会ったら、お化けに会ったら、「オン シュダ シュダ」と言う。疲れたな、嫌な予感がするな、エネルギーが不足したな、と思ったら唱えればいい。いつでも、どこでも、どんなときでも使えるパワフルなマントラだ。陽のエネルギーを持っているから、エネルギーチャージもしてくれる。

「コソタクマヤタク」の奇跡

短いマントラは、パワフルだと思う。第一、使い勝手がいい。前著『この素晴らしき「気」の世界』(風雲舎刊)に「コソタクマヤタク」を紹介したら、これを試した方が結構いらっしゃる。あちこちのセミナーでその成果をいただいた。

ある読者の方がこんな嬉しい報告をしてくださった。

肺ガンで自宅療養をしていた父に、本に書いてあったとおりに「コソタクマヤタク」をやったら、ガンが百分の一の大きさになったと。

「ブラボー!」、ぼくはそれを聞いたとき歓声をあげたが、正直驚いた。たかが一個の呪文だが、何も知らない人にそんな効果があったとは。おまけに彼女はぼくのセミナーに出たことがないからエネルギーボールの伝授も受けていない。ただ、本に書いてあったとおりにやってみただけという。

こういう経過だった。

肺ガンのステージ4で入院していたお父さんが自宅療養を薦められ、退院した。彼

「金剛合掌」という手印

女は気功なんて知らなかったのだが、本屋で何気なく手にした本に、「コソタクマヤタク」のことが書かれてあり、「お父さんのガンにいいかも」と思い、看病している妹さんに教えてあげた。妹さんは本に書いてあるとおりに、病院から渡された抗ガン剤を手印にした手の間に挟んで、「コソタクマヤタク……」を唱え、息を吹きかけ、点滴に繋いだ。「お父さんの薬に入れ！」と。点滴を取り替えるたびにこれを毎回続けていた。

お父さんは、それまでも抗ガン剤をずっと入れていたわけだが、いつも気持ちが悪くなり、体力もなくなっていた。ところが、抗ガン剤に「コソタクマヤタク」の呪文を入れてからは、「メンソールでも入っているのかな」と思うほどスーッとした感じがして、気分も良くなっていた。

それから三カ月後、定期検査の日になり、病院でレントゲンを撮ったら、ガンは百分の一の大きさになっていたという。

ご本人は嬉しそうに話してくれたが、それほど驚いたようには見えなかった。ケロッとしている。話しているうちに、そのわけが分かった。この姉妹は、ガンのステージ4を初期の段階と勘違いしていたのだ。そこに奇跡の鍵があった。

ステージ4というのは、他のところにガンが転移してしまい、あまり助かる見込みのない最終段階と言っていい。実際、レントゲン写真では両肺が真っ白な状態だったようだ。病院では末期の患者さんによく自宅療養を薦めるのだが、お父さんもそのようだった。

それで、彼女にステージ4の説明をしたら、とたんにパニックに陥ってしまった。

「えっ、そ、そんな状態だったんですか」

もしこの方が、ステージ4という状態について正しく認識していたら、果たして奇跡は起きただろうか。このマントラが効くと信じても、「ステージ4だから、やっぱり無理かも」という思いが頭をかすめていたら、この奇跡があったかどうかは分からない。

奇跡が起こる条件

すべての奇跡には条件がある。すべての成功にも条件がある。それは運命を変える方法で、マインドセットが必須だ。

「私にはできる」——という確信があること。

それは、できる人にしかできない。「無理だろうな」と思っている人に、「あなたにはできる」と暗示をかけたら逆効果になる。とたんに「そんなわけない」と思ってしまうだろう。人は、自分の頭で考えて、「そうだな、できる」と思ったものしか受けつけない。

運命は思考で変わる。こうだと考えたこと、頭の中の言葉によってつくられた思考は、メンタル体の次元、人間の魂を構成するレベルに食い込んでいる。イメージでは追いつかないし、自己暗示でもだめだ。人生に発生するものは、頭で同意したことしかない。「このことは本当だ、これは納得がいく」と、頭の中で同意した現象が、エネルギーによって現実化する。

この方には、「コソタクマヤタクっておもしろいな。これをやると効き目があるのか。じゃあ、やってみよう」というラインしかなかった。興味本位でもなく、信仰でもなく、著者を信じたのでもなく、「コソタクマヤタクって、本当だな」と思っただけ。これが真言。言ったら成る——誠の言葉だ。

私には奇跡があります。私はそれを信じます——頭のなかでこう同意したら、あとは入ってくるタイミングが合うか合わないかだけだろう。

16・真のリーダーになる

新たな時代は世界が一の意識となり生物となる方向にある

「農民芸術概論綱要」

五％の法則

占いに「空亡（くうぼう）」という言葉がある。聞いたことがない人は「天中殺」、あるいは「大殺界」といったら分かるだろうか。中国で生まれた干支暦（かんしれき）（十干と十二支を組み合わせた暦）という暦を基にできた人の運命を占う中国占星術、算命学の用語である。大雑把に言うと、十干（じっかん）と十二支（じゅうにし）の組み合わせの配列で十二支の二つが余分になり、組み合うべき「干」を持たない二年が空亡となる。その空亡の年を守ってくれる干支（えと）の神様がいない。ということは星のパワーがないので、運を引き寄せられない。だから、空亡の年に新規の事業を始めるとか、引越しをするとか、家を買うとか大きな判断をしてはいけないことになっている。

しかし、世の中にはこの空亡に関係なく生きている人がいる。八〇対二〇という法則がある。百人いたら、自発的に行動できるのは二十人だけで、八十人は状況に流される。これを一般大衆という。五人のチームだろうが一万人のチームだろうが、その比率は変わらない。八割の一般大衆は運命に流されるだけなので、自分のこの先を知りたければ、やはり占いが必要となる。空亡も気学も占星術も実によく当たる。とはいえ、占いで自分の人生が読み取れるといっても、それはただ単に運命に流されているだけだ。

自発的な二十人を見てみると、さらに十五人と五人に分かれる。最初の十五人は積極的に運命を変えようと意図する。五人は運がいいかどうか気にするだけで、自分で努力はしない。この五人は脱落し、十五人がリーダー候補として残る。しかし、この十五人中の五人は何かをやってうまくいかないと、あきらめてしまう。一度や二度の失敗にへこたれない十人が残る。しかし、運が良ければやるが、運が悪かったらやらない五人が出てきて、さらに脱落する。つまり、九十五人が脱落し、最後に残るのは五人となる。

この五人は自分でプランをつくる。状況に委ねないどころか、あきらめずに自分で自分の状態を脱出する方法を考えて努力する。これが真のリーダーになる。百人中五人しかいないので、五％の法則という。ナチス・ドイツが発見したのがこの五％の法則だった。

ナチス・ドイツが敗れ、アウシュビッツの強制収容所が解放されたとき、三千人の収容者に対して看守はたった二十人ちょっとだった。ナチス・ドイツはこの五％の法則を知っていたに違いなく、看守は最初からこの人数しかいなかった。

この法則では、五％に該当しない一般人は監視活動などしなくても自ら逃げ出したりしない。「シャワー室」へ行った人たちが焼却炉の煙となって消えていったと分かっていながら、自分も近いうちに殺されるだろうとおびえながら、逃げようとは考えない。三千人が全員で二十人の看守に立ち向かえば、銃を奪って、助かる可能性もあるかもしれないのに、そんなことを考えることは決してない。ただ待ち続ける。

ウイリアム・ライヒ（一八九七〜一九五七）のコミック伝記『Re・ich』（Elijah Brubaker/Sparkplug Comic Books）に面白いマンガが描かれてあった。

一枚目は、牢屋の鍵がかかっておらず、ドアが空いているのに気づいた囚人が、自分でドアを締める。二枚目は、檻の向こうに鍵が落ちているのを見つけた囚人が、手を伸ばしてその鍵を拾い、歩いてきた看守にその鍵を渡して、外から鍵を掛けてもらえませんかと願い出る。三枚目は、足首に鉄の輪と鎖で繋がれている囚人が、床に打ちつけられている鎖が途中で切れているのを見つけ、それを見ながら「どうしよう」と困り果てている。

人は逃げない――。百人のうち九十五人は。ただ運命を、死んでいくのを待っている。

究極の二%になる

ナチス・ドイツは、収容された人々の言動を観察して、リーダーになる五%を面接で見破り、看守が寝泊まりしている部屋の前の鉄格子の牢屋に入れて、彼らを二十四時間監視するだけでよかった。

実は、八〇対二〇の法則で最後に残った五人のうち、二人は狼であることを見破られないように羊のマスクをかぶり、決断力も判断力も才能も知力もないように振る舞う。弱いふりをしながら情報を収集し、プランを立て、完全な逃亡作戦をじっくりと練り上げる。この二人こそがどんな絶望的な状況にあっても立ち向かっていける究極のリーダーなのだ。

ぼくたちはこの二%に入ればいい。この二人にとって空亡は関係ない。自力でなんとかするし、なんとでもできる。

百人のうち、十五人は未来予知能力者で、五人は念力タイプと分析されるが、最後の二人は神様遣いなのだ。未来予知能力者は運命の流れを読むことはできるが、それだけだ。念力は自力で運をつくり出す能力だが、念力だけでは状況は変わらないし、外のタイミングと合わないとうまくいかない。しかし、自力に他力を加えたら、最強になる。自分でプラニングをし、自力だけで足りないところは上手に神様の力を利用する。

やっぱり顕在意識が大事

この二%になる大切な秘訣がある。運命や空亡を乗り越えるのにお祓(はら)いの技を使おうがマントラを使おうが、ひとつのことを分かっていないといけない。それは、超能力を使うにも、潜在意識に命令を出すにも、顕在意識が働いているということ。つまり、普段の日常生活のあなたの表面の心が最大の問題となる。なんのことはない、何十年もかけて探していた幸せの青い鳥はいつも自分の庭にいました、というオチ。

これは実に単純なことだ。普段の受け答え、やりとり、考え方、振る舞い方が、あなたが不幸になるか幸福になるか、貧乏か裕福かを決めている。なぜなら顕在意識が船の船長となって、潜在意識と超能力をどう働かせるかを定めている。特別な潜在意識の働きなんていらないし、能力の伝授を受けていようがいまいが関係ない。

だから、普段のあなたの心を棚卸してみること――それが大事な秘訣だ。頭の中で何を言っているのか、どんな感情を持っているのか。思考と感情が顕在意識という普段のあなたの心になって、すべての超能力と潜在意識に命令を与え、コントロールしている。つまり、普段のあなたは一日中楽しいことを思い、一日中いい言葉を唱え、豊かさや幸せのほうへ移動していくのだ。余計な力はいらない。どうなりたいのかを考え、そうなったと思って、わくわくする。これが肝要だ。

潜在意識をコントロールするには顕在意識をコントロールしないといけない。潜在意識がしょぼいのは顕在意識がしょぼいからだ。できる、できないではなく、何が幸せなのか、どうなっているのか、どうしたいのか――それをあなたは未来の世界に要求していない。それでは潜在意識や超能力を引き寄せる未来を用意できない。あなたは何も考えていないのだから。

すごい話がある。

ガンの因縁を持っている女性がいた。両親ともガンで亡くなっており、周りからガンの家系と言われていた。結婚して、夫もガンの家系であることを知った。子どもが生まれた。ガン家系の母親とガン家系の父親の間に生まれたガン・ハイブリッドの子どもである。彼女はわが子もいつかガンになってしまうと恐れていたが、その子も二十歳でガンで死んでしまった。ガンになった夫の両親を看取り、子どもを看取り、自分自身もガン遺伝子を持っているはずだと気にしていた。

案の定、彼女は一年後にガンになり、手術をすることになった。ところが、これが想像上のガンだったのである。いや、顕在意識だけに現われたガンだった。

麻酔をかけて手術をしようと開腹すると、数十分でガンが消えた。ドクターは、奇跡が起きたと思って喜んだが、翌日、結果を見るためレントゲンをとると、依然として腫瘍は存在していた。

これは、無意識の彼女はガンの存在を知らないので、麻酔をかけるとガンが消え、意識が戻るとガンが現われるという、なんとも不思議な病状だった。無意識の彼女と顕在意識の彼女との間でうまくバランスをとれていない状態で起こった現象だった。

そこでドクターは心療内科の先生と相談し、トリックを仕かけた。再手術をしましょうと麻酔をかけ、お腹を触っているふりをしながら、「きれいにとれたなあ」と故意に耳元で言い、「終わりました」と告げた。暗示にかかった顕在意識と無意識のマインドをうまくセットして見せかけの手術をしたのだが、このイメージ療法で彼女のガンは消滅した。

良いことを願うか悪いことを願うか、無意識の層は分かっていない。これは、思いが強過ぎて心が分離してしまったという話である。

これと同じようなことが多重人格症に現われたケースがある。多重人格症とは一つの体に二つ以上の人格が存在する精神疾患で、人格が入れ替わり、別人になる。映画のテーマになったりする不思議な症状だ。日本やアメリカでは多重人格症は医学的に認められていないが、ヨーロッパでは認定されている。

そのヨーロッパでの症例だが、ある二十歳代の男性が、もうひとりの分裂した「おばあさん」の人格を持っていて、そのおばあさんにはリウマチの症状があった。男性の人格がおばあさんに入れ替わった瞬間を見計らって採血し、血液検査をすると、確かにリウマチの抗体が出た。もちろん、本来の自分であるときは、その抗体は出てこない。

また別のケースでは、ある人格では、糖尿病でインシュリンの注射が必要なのに、別人格になると、性格や声まで変わり、糖尿病は消えてしまう。人格が異なるごとに患者の持病も変わるのだ。それもほとんど瞬間的な現象である。「気の体」である肉体は、アストラル体（心の体）の下部組織であることがここでも証明される。心が肉体を凌駕（りょうが）していることを示すいい例だ。

いずれのケースも、人には何でもできるパワーがあるという証明ではないだろうか。あなたが顕在意識をうまくコントロールしたら、いろんな可能性が増えていく。未来のあなたがすでにそこにある。大殺界だろうが空亡だろうが、キリストやブッダには関係ない。人は運命を超えて生きられるのだ。

17・ホワイトブックのすすめ

新しい風のやうに爽やかな星雲のやうに透明に愉快な明日は来る

「生徒諸君に寄せる」

あなたの内にある財産

一瞬の不幸によって、人は簡単に絶望する。

他人からいじめを受けたり、苦しめられたりしたら、ひとたまりもない。会社が倒産したり、財産を失ったり、末期ガンで余命いくばくもないとか、世の中には人を絶望の淵に立たせるものが常に潜んでいる。

しかし、絶望を立て直す本当の財産は、あなたの内側にある。

日本が破綻し、財産がゼロになった時代がある。敗戦直後、ハイパーインフレーションが起こり、すべての銀行が封鎖された。昭和二十一（一九四六）年の金融緊急措置令だ。歴史上、新円切り替えと預金封鎖と呼ばれているものである。富が集中した財閥は解体され、貴族は没落し、皇室財産は私財を除いて国有財産になった。旧円の価値は事実上ゼロになったので、タンス預金にしていた紙幣は紙くず同然になった。その代わり、政府は決まった額の新円を与え、全国民一斉に、生活のやり直しが始まった。

ところが、一年、二年たち、三年もたつと、露頭に迷っている人と、新円を元手に大金持ちになった人とに大きく分かれていた。

いつの時代でも勝ち組はいる。

問題は人脈でも状況でもなく、すべてを奪われたとき、はたしてあなたに戦う武器があるかどうかだ。商売をやろうが外国に飛び出そうが、すべては自由である。賢くやって数年後に億万長者になった人もいれば、失敗してホームレスになった人もいた。何をやっていいのか分からなくて、オロオロしている人たちもいた。

いま何かの拍子にこれと同じ状況に至ったら、あなたは迷路のネズミになってしまわないだろうか。

商売っ気があって、ちょっと賢くて、口先三寸で世渡りできる人は手許の金を元手に成功するだろうが、大きく豊かさを受け取ったとはいえない。なぜなら、その人が住んでいる世界が地獄だからだ。生きがいがあっても、愛はないだろうし、安らぎもない。ただ生活と金だけの世界だ。時代がどう変わろうが、どんな状況になろうが、勝つのは、ちゃんと自己を持った人、つまりまっとうな人間(ジェントルマン)だ。欲にまみれず、モノを大切に思い、心に余裕があり、この世界を信頼する。それが自ずと振る舞いに表れる。

どんなときでも、どんな状況でも、ぼくたちは「まっとうな人」にならないといけない。欲をかかず、どんな環境にも左右されない自己を保つ、善なる存在だ。

そのためには、絶対に役に立つ魔法の本、『ホワイトブック』(White's Book 白魔術の本)があったほうがいい。どんな状況でも、どんな状態に陥ったときでも、絶対に役に立つ。人間はこういうものを千年、二千年と引き継いできた。東洋にも、西洋にもある。ぼくの師匠も持っていて、ぼくも引き継いだ。魔法の本だから『ザ・ブック』とも言う。

一日一個「いいこと」リスト

さあ、ホワイトブックをつくってみよう。

一冊のノートを用意する。そのノートに、私はこんなにいいことがあった、こんなに嬉しいことがあったと、一日一個、いい気分になることを見つけ、それを日付けと共に書いていく。一行日記のようなものだ。

大切なものは目に見えないから、形にしておかないといけない。つまり、文字に書き表す。

この行為は、あなたの優しさをもってこの人生の何たるかを発見する行動であり、あなたの優しさで心を紡ぐ行動であり、あなたの優しさでどんな幸せを受け取ってきたかを記す記録でもある。また、その記録リストの年月は、人が魔法使いになっていく修練の歴史であり、それはいつの時代にもマスターから弟子が受け継いできた伝統でもある。

このリストが人を賢者に変える。もしあなたが「ジェントルマン」を目ざし、魔法使いを目指しているなら、このリストを作成しなければ、パワーは持てない。

あなたは毎日ひとつの「いいこと」を見つけられるだろうか。世の中で見つけたいいニュース、あなたが体験した微笑ましいシーン。何かあるはずだ。あなたが見つけたいいことが書ききれないほどだったら、それは素晴らしい。そして、ひとつも見つけられなかった日は、あなたはこの世に存在していなかったことになる。その日あなたが見つけたのが不幸、貧困、息苦しさ、怒り、悲しみ、絶望、病気——嫌なことばっかりだったら、その日、あなたは地獄にいたのだ。

一日一日、あなたが住んでいるこの現実世界がエデンの園であるように、意識をチューニングし続ける必要がある。それは、ニュースや、他人の言葉や、自分の体験や、目にした風景や、音楽や、ありとあらゆるものからあなたが選び出すひとつのメロディーだ。

「ああ、今日もまた、この世界は素敵だったなあ……」「なかなか捨てたもんじゃないなあ……」と。

ぼくのある日のリストのなかに、

「昨日のマッコリは美味しかった、四百円の値段のわりにすごいぞ」

「ルーサー・バーバンクの『植物の育成』が古本屋で百円だった、ラッキー！」

とあった。このとき、ぼくはとても幸せだったのだ。これでいい。

とっておきのリスト

次に書き出すのは、「とっておきのリスト」だ。日々のリストのなかには、大切でかけがえのない出来事がある。大事なもの、心温まる思い出、お世話になったこと、感謝したい人、出会い、実際に体験した心に残ること――これを短い話にまとめ、ヘッドライン（見出し）をつけておく。これはあなたの人生の意義そのものだから。

ぼくにはこんなとっておきの話があった。

二十代の頃、人生を決定づける出会いがあった。彼はイギリス人で、一緒に生活した時期があり、短い期間で彼からいろんなことを学んだ。錬金術ばかりでなく、瞑想や彼の生き方、世界観は、ぼくのその後の人生を大きく変えた。ぼくの最初のマスターだ。彼からひとつの時計をもらった。銀色の中身に外側が金の懐中時計。それは今やぼくの血肉となって受け継がれている。

この時計を持っているということは、時間を操作できる魔法使いだということを表す。「鋼（はがね）の錬金術師」（『月刊少年ガンガン』スクウェア・エニックス）の主人公エドワードが国家錬金術師の証としてもらった銀時計のように、未来世界を幸せに変える魔法使いの卒業証書のようなものだ。

それをマスターからもらったとき、そんな力が本当に自分にあるのか頼りなく思っていたが、それからまもなく師匠は忽然と目の前から消えた。しばらくしてぼくも引っ越し、師匠との接点はなくなった。しかたのないことだった。あるのは受け継いだ技と能力のみである。

錬金術師の師匠と弟子の関係においては、師匠が死ぬ三カ月ぐらい前、つまり生きている間にお悔やみの言葉をレターにしなければいけない。まだ死んでいない当人に偲ぶ言葉を書いて送る。すると、師匠から「○月○日に死ぬことをよく当てたね、教えたかいがあった」というような返事がくる。師匠の死ぬ日を当てるのが最後の課題なのだ。

もちろん師匠は、ぼくが世界のどこにいても、ぼくの所在を超能力で当てた。

あるとき、東京のホテルに宿泊していたら、ホテルの受付で、「清水様、海外からお手紙が届いています」と師匠から不肖の弟子に宛てたメッセージ・レターが届いた。たっぷりと嫌味が書いてあった。

「……こんなにも君に尽くした日々が虚しく去ろうとは。君がこの手紙を受け取った頃には、私はもう一週間前にいない。にもかかわらず、わが手元に君のメッセージは届いていない。それぐらいの能力を授けたはずだが、かえすがえすも残念である……」

いつか分からない死ぬ日を当て、その場所を特定するのが子弟の最後の使命なのだが、そのハードルは高い。きっといつの時代でも、錬金術師の世界ではこんなことをやっていたのだろう。だからお互い、別れの挨拶も儀式もない。なぜなら、お互い「その時」を知るのがこの世界のしきたりだから。

この特別なリストはぼくのホワイトブックのなかで輝いている。なぜなら、ぼくの人生のなかでかけがえのない出来事という想いに包まれているからだ。こういったリストがいくつもあるということは、ぼくの人生がそれだけ輝いているということ。つまり、ホワイトブックは、あなたの存在の輝きそのものだから、たくさんのポジティブエネルギーで包まれている。だから、それはいつでもあなたを守る護符となる。

18・まだ、やりたいことがいっぱいあるの……

ぼくはきっとできると思う。なぜならぼくらがそれをいまかんがえているのだから。

「ポラーノの広場」

大切なものが命を救う

あなたには大切な持ち物があるはずだ。生きがいとなるようなもの、大好きでコレクションにしているもの、それを持っていると安心するもの。ホワイトブックの延長に、こういうリストを作るのも楽しい。

ぼくの場合は書物だ。マンガもたくさんある。『阿(あ)・吽(うん)』(おかざき真里著　阿吽社)、『イムリ』(三宅乱丈著　エンターブレイン)、『暗黒神話』(諸星大二郎著　集英社)、『孔子暗黒伝』(諸星大二郎著　集英社)、『蟲師(むしし)』(漆原友紀著　講談社)。そうそう、ぼくには出口(でぐち)

王仁三郎(おにさぶろう)の耀盌(ようわん)もあった。

そういった大事なものは、時としてあなたを支えてくれるし、幸せにもしてくれる。あなたの命を救ってくれることもある。


ずいぶん昔のことだが、知り合いからヒーリングを頼まれた。

中学二年生の男の子が悪性リンパ腫で、無菌室に入れられるほど事態は最悪だった。外部からの接触が絶たれていたが、ある時点でもう助かりそうもないと面会の自由がきくようになった。病室には、マンガ本『ONE PIECE』(集英社)が人形のように飾られてあった。彼の一番のお気に入りのマンガだ。ぼくも大好きで毎週読んでいたから、その子に最新号の『ONE PIECE』のストーリーを話して聞かせ、来週号もまた教えてあげるねと次回の約束をした。いよいよ危篤状態になり、母親からもう無理みたいなので最後に会ってくださいと言われた。その子のエネルギーは本当に弱々しくて、あまりヒーリングが効いていなかった。いろいろなことをしてもダメだった。

その最後の面会がきて、彼の耳元に話しかけた。ぼくにとっては、この行為が一縷の望みだった。彼の生命力に賭けるしかなかった。

「お前、〈ONE PIECE〉が終わっていないうちに死ぬつもりか？

来週も『ジャンプ』はあるんだぞ。早く元気になって、自由に外に出て、自分がマンガを読んで楽しめるように、神様に〈助けて〉って言え！

アマテラスオホミカミ……いまの音（おん）が天照（あまてらす）さんという神様の名前だから。

聞いているか？」


彼の意識はなかったけれど、本人のエネルギー回路はまだ動いているから、気絶しても熟睡しても、耳は無意識のうちに聞いている。だからぼくが耳元で話したことを理解できると分かっていた。

「アマテラスオホミカミ……これは太陽だぞ。太陽が出ているかぎり、君は助かるチャンスがある。なぜなら、太陽は神様だからだ。神様に頼めばいい。本当に死にそうになったとき、神様は誰でも、何でも、願いごとを叶えてくれる。

だからいま使え！

〈神様、『ONE PIECE』の続きが見たいので、元気な自分にしてください〉って頼め！」

彼は自分で神様に頼んだのだと思う。昏睡状態で意識はなかったのに、助かった。治ってしまった。悪性リンパ腫が消え、髪の毛も生えた。そして、元気で学校に通えるように回復した。『ONE PIECE』はまだまだ続いているが、一生彼のお守りになるに違いない。

たかが一冊のマンガ本と侮るなかれ。あなたが大切にしたものは、最後にあなたを救ってくれる力を持っている。それは、すべて「善きこと」に繋がってくる。あなたはこうして世界に愛されていることを知るべきだ。

自力で無限の距離を歩んで行こうとむりやりモチベーションを高める必要はない。一歩踏み出せばいいのだ。その一歩とは、安らぎと豊かさと成功と生きがいを感じさせ、明るい未来に変えてくれる意識、そのイメージだ。

それは夜明けの太陽に似ている。夜が明け、太陽の光が差し込んだら、出来事と状況は一変する。その夜明けを迎えるという意思を持ち、一歩を踏み出す。そして、その歩みを継いで行く意思と行動を持てばいい。明けない闇はなく、晴れない雨雲もない。朝日と共に、良き一日が始まると思えばいいのだ。

アビーちゃんの奇跡

奇跡はこんなふうにやってくるんだなと思っていたら、「ヤフーニュース」（二〇一六年五月二十五日）で似たような話に遭遇した。感動的であり奇跡的だが、こういうことが現実に起こっている。

アメリカに住む十歳の少女の話。アビーちゃんは四歳のときに「フィラデルフィア染色体陽性急性リンパ性白血病」と診断され、生存率は二〇％と告げられた。骨髄移植、化学療法、治験薬などで一旦は回復したが、再発し、全身の痛みで睡眠も十分とれない。合併症で腎臓の機能が低下し、透析しなければ四十八時間ももたないだろうという状態になった。しかし、それもわずかな延命処置のようなもので、回復へ向かうわけではない。両親は苦しむ娘を見てついに死を受け入れることにし、最後のお別れという事態となった。

瀕死の間際、一日に一時間ほどしか目を開けられないアビーちゃんが、突然目を覚まし、こう言った。

「私、まだ、やりたいことがいっぱいあるの……」

不思議なことに、こうひと言発したら、アビーちゃんはみるみるうちに回復していった。今も治療を受けてはいるが、普通に学校に通っているという。

奇跡への一歩

一体何が起きたのか?

たぶん彼女は夢を見たのだろう。自分が学校に行っている姿、遊んでいる姿、両親と楽しく話している姿、美味しいものを食べている姿——心の中で夢見たことを、寝ている間に夢で見たのだ。そして思いが言葉となり、発せられた。

「まだ、やりたいことがいっぱいあるの……」

アビーちゃんは「たくさんのやりたいこと」の夢と意思を言葉にし、未来の世界に歩みよったのだ。あるべき未来をつくったのだ。その一歩が踏み出されたとき、豊かに受け取るものがある。その一歩を用意していないと、奇跡は来てくれない。あなたの意思が発せられたとき、実現したかった夢のフィールドも無限の距離を超えて訪れる。あなたが踏み出せば世界は変わっていく。奇跡もあなたと一緒にいたいのだ。

イメージと言葉が外の状況を変えていく。そして、それにふさわしい状況に変わる。

いまの自分に意識を向けるのではなく、行為に意識を向ける。考えている閑があったら、自分の意思を言葉で言うのだ。魂・意思の体、メンタル体は未来をつくる。

19・気功でテロメアを活性化する

あなたのすきとおったほんとうのたべものになることを、
どんなにねがうかわかりません

「注文の多い料理店」

ぼくたちがいつもやっていたことは、最先端の若返り法だった！

「生命のろうそく」テロメア

染色体の細胞の末端には、「テロメア」という特殊な構造物があって、その長さで人の寿命が分かるという。赤ちゃんのテロメアは長く、老人のテロメアは短い。細胞が分裂するたびにテロメアは短くなり、ある一定の長さ以下になると細胞は分裂を停止し、死に至る。テロメアが「生命のろうそく」、あるいは「命の回数券」と呼ばれるのは、そんな働きからきている。
最近、そのテロメアの働きがテレビで放送され、話題になった。番組の元になっているのが『テロメア・エフェクト』（エリザベス・ブラックバーン、エリッサ・エベル著　森内薫訳　NHK出版）という本。ぼくたち気功家にとっても非常に興味深い内容で、寿命は伸ばせるというのが結論だ。

実はぼくたちは、だいぶ前からこのテロメアの働きに注目していた。要するに若さを保つには、エネルギーボールでテロメアを活性化すれば、老化現象はストップするのではないだろうか。そんなことをセミナーで話していた。

医者のAさんは、医学の分野ということもあってさっそく実行に移した。まずエネルギーボールをつくり、「ぼくのテロメア、入れ！　エネルギーチャージ、テロメア長（ちょう）、十八歳時に戻れ」と命令して、エネルギーボールを温めた。一カ月もたった頃だろうか、彼からテロメアが長くなったと報告があった。ぼくはわけが分からず、驚いてしまったのだが、彼は実際に医療機器を用いて、自分のテロメアの長さをその前後にそれぞれ計測し、その治験結果を見せてくれた。さすが医学の世界にいる人はやることがしっかりしている。現在はどのくらい若さをキープしているのか、聞いてみたい。

テロメアは染色体の末端の部分にある。「靴紐の先端を閉じるプラスティックキャップのような働き」をするのだが、遺伝子が分裂するときに二重螺旋の遺伝子を一回解いて、コピーし、最後にまたこのテロメアで固定する。分裂するたびにこれを繰り返すわけで、何度もやっているうちにテロメアはちぎれて短くなり、端を固定することができなくなる。その結果、細胞の死亡となる。

このテロメアを活性化する酵素がテロメラーゼであり、テロメアを修復し、短くなるのを抑えてくれるのだが、では、このテロメラーゼを増やすにはどうしたらいいのだろうか。

テロメアを伸ばす

以下は、前述のテレビ番組で予防医学研究所のオーニッシュ所長が紹介したものだ。

〈テロメラーゼを増やす瞑想法〉

○一日十二分の瞑想

二カ月でテロメラーゼが四三％回復したという。

○呼吸法を四秒四秒のリズムで、ろうそく、花、美しい風景を見ながら行なう。

〈テロメアが伸びた五つの生活習慣〉

○有酸素運動（週六日、一日三〇分のウォーキング、週三日の軽めの運動）

○オメガ3脂肪酸を含む食品

（青魚、くるみ、大豆、えごま、精白してない小麦、米など）

○七時間以上の睡眠

○週に一度のカウンセリング

○瞑想

これを聞いて、ぼくは嬉しくなった。

なんだ、これはほとんど気功の世界ではないか。

テロメラーゼを増やすのは瞑想と呼吸法だ。

気功法のなかには、さまざまな瞑想法や呼吸法がある。セミナーでは、ろうそくを見つめる瞑想、白い蓮の花の瞑想、青空と白い雲の瞑想、邪気吐きなど、心の浄化に繋がる瞑想法や呼吸法を長くやってきた。例えばこんなものだ。

「花の瞑想法」

心の中で花を思う瞑想。花の写真を見たり、本物の花を見て、触って、香りを嗅いでみる。手で気のボールをつくり、その中に花を入れる、呼吸をするたびに、開花したりつぼみになったりすることを思いながら瞑想する。

「邪気吐き」

みぞおちから二センチ下のところを押しながら、「はー」という音を立てながら息を吐ききる。何度か繰り返す。押したところが固かったり、痛かったりするのは邪気が溜まっているからだ。といって、邪気に焦点を置いてはいけない。

テロメア活性化の生活習慣として勧める有酸素運動に該当するものとして、ぼくたちは「動功」という気功法を行なっている。体を動かして気を練るという修練法だが、その基本功である「小周天」をみっちりやる。これは結構な運動量で、有酸素運動と変わりがない。それも週に三日でいいのだから、楽な修練である。

さらに、お勧めの「オメガ3脂肪酸を含む食品」は、ナッツ、種子類に多く含まれているのだが、気功の達人たちが掲げる仙人食の筆頭は松の実。ここもぼくたちはクリアしている。そもそも気功は仙人になるための修行である。目指すは不老長寿の世界だ。

自己カウンセリングの勧め

オーニッシュ所長が問題にしていたのは、テロメアを短縮させる一番の原因がストレスであること。配偶者との死別、ペットを失うこと、孤独感など、いろいろあげられるが、テロメア活性化を妨げる心的ストレスの一番手は悲観主義だという。その対処法として、週に一度のカウンセリングを勧めていたが、カウンセリングにかかればいいというアイディアはアメリカ人らしい発想である。

ぼくは自己カウンセリング法を勧めている。

ぼくたちは、過去と未来を立て直す法として、二つのマントラを使っている。

過去に対して、

「あれはあれでよかったのだ」

未来に対して

「これからきっとうまくいく」

これだけだ。

これはエネルギーボールを手に持ちながら唱えるのだが、心の奥で否定していたらまったく効果がないし、マントラそのものの意味がない。そこで、このマントラを強化するために一連の文章を作成した。これは一種の論理療法のシステムでつくった文章だが、否定できないロジックを重ねていくと、人は納得する。マントラを完全にするためのマインド・セッティングの文章だ。まずは、声に出して、実感しながら読んでほしい。

〈過去編〉あれはあれでよかったのだ

（手から出したエネルギーボールを持ちながら、白く輝くボールをイメージし、この文章を読んでいくと効果がある）

今、私はここにいます。

その不幸はここにはない。
私を苦しめるすべての不幸は、今ここにはありません。
それは私の記憶の中にあるだけ。
今、この場所にはない。

一秒前までのことは、すでに終わった出来事です。
すでに終わった出来事のすべては、過去になり、現実ではないのです。

それはデータにすぎないのです。
過去のすべては、すでに現実にはありません。

現実に存在しないものならば、良いも悪いも関係ない。
なぜなら、無いのだから。

今ここに無いものは、どう評価しようが、どう解釈しようが、本当は
私の自由だ。
なぜなら、ここに無い。
データにすぎないのだから。

私はいままでこのデータをそのまま受け取ってきた。

苦しいこと、嫌なこと、それがあたかも現実であるかのように。
本当はリアルじゃない。今、この場には無いのだ。

その無いはずの何かのことで、誰かのことで、私はいま苦しんでいる。
すでに無いもので、ことさら苦しむ必要はない。

もう終わった出来事に、良いも悪いも本当はない。
なぜなら 終わった、リアルじゃないものだから。

すでに終わったものならば、どう考えようが、私の自由だ。
なぜなら、私のデータだから。
それは私の記憶というデータだから。

戦略的に生きてみよう。

私を幸せにしないすべてのデータは この先の私には必要ない。

私を苦しめるもの、私を悲しませるもの、私をいらだたせるもの、
そういうすべてのことは、私には必要ない。

私に必要なデータは、私を豊かにするもの。
私を安心させるもの。
私を励ましてくれるもの。
私を成功させるもの。
私を守り育てるもの。
こういった、幸せなものを選びたい。

だから、「あれはあれでよかったのだ」と選ぼう。
私を苦しめるデータは、「あれはあれでよかったのだ」と上書きして、
置いておこう。
そして、もう開かなければいい。

そんなものは、あらためて見たり感じたりする必要はないのだ。

すべての不幸は　あなたを幸せにはしないのだから。

忘れられなくてもいい。消せなくてもいい。
「あれはあれでよかったのだ」というファイルに入れて、もう見なければいいだけだ。
「あれはあれでよかったのだ」から、見る必要はないだろう?

これからつらいこと嫌なことが起きたら、
あとで、そのことを思い出したときに
「あれはあれでよかったのだ」と自分で言ってあげよう。
自分に対して。

戦略的に生きるのだ。
そういう私が、ここにいる。

私はここにいます。

過去の不幸のこと一切に対して
あれはあれでよかったのだ。
あれはあれでよかったのだ。
あれはあれでよかったのだ。

〈未来編〉これからきっと、うまくいく

（ゴールドに輝かせたエネルギーボールを持ちながら、この文章を読んでいくと効果がある）

私は今、ここにいます。
これから先の未来の出来事は、何が起きるか誰にも分からない。
誰にも分からない出来事ならば、良いも悪いも、確定しない。
良いも悪いもないのなら、どう選ぼうが、私の自由だ。

だから、戦略的に生きていこう。

私は幸せが多くなるほうを選びたい。
できるだけ不幸を避けたい。
それは、今ここで自分が、決められる。

これから先が不幸だと思うことは、
より不幸に向かって行きやすいだろう。
なぜなら自分がそう考え、望んでいるのだから。

これから先は幸せが増えるだろうと考えることは、
目指す方向が幸せだから、
そちらに向かいやすいだろう。

まだ決まっていない未来だから、有利な方向に行こう。

だから、
これからきっと、うまくいく。
これからきっと、うまくいく。
これからきっと、うまくいく。

と、考えることを選ぼう。

私は今ここにいます。
幸せになるほうを選ぶ。

これからきっと、うまくいく。
そういう考え方を選ぶ。

そのほうが幸せに向かいやすい。
そのことに、今、気がついた。

これはイメージ療法と心理カウンセリングを同時に行なうやり方だ。しかも自分独りでできる。悲観主義もネガティブ思考も厭世観も一掃する。これは自分が幸せに生きることを戦略的に選んでいく方法である。

言葉の力

日本の古い言語に「コトノハ」がある。言の葉。美しい響きをもっている。言葉には自分を立て直す力が宿っている。

この章の冒頭に掲げた宮沢賢治の詩には、気の世界が映されている。

「あなたのすきとおったほんとうのたべものになることを、

どんなにねがうかわかりません」

こんな言葉もいただいてしまう。

「きれいにすきとほった風をたべ、

桃いろのうつくしい朝の日光をのむことができます」（『注文の多い料理店』）

賢治は気功的な感覚を持つ人だった。その「コトノハ」、言葉をいただき、真言のエネルギーもいただく。するとエネルギーが自分の中にどんどん入ってくる。
こうして世界のエネルギーが自分の中にどんどん入ってくる。
「ナモ・サッダルマ・プンダリーカ・スートラム（南無妙法蓮華経）」（合掌）
世界に感謝しよう。

20・あなたは私　私はあなた

まづもろともに　かがやく宇宙の微塵と　なりて　無方の空にちらばらう

「農民芸術概論綱要」

サイコメトリーという超能力

ドラマとかマンガで見かけるが、サイコメトリーという一種の超能力がある。物体に秘められた記憶を読み取る超能力で、実際にある能力だ。

ある物体を手に取ると、その持ち主の過去や履歴、人間関係など、その情報が分かってしまう。例えば、電車で席に座ったときに、前にそこに座った人がどこから来てどこへ行ったたか、分かってしまう。着ている服、年齢、性格なども分かってしまう。その人が銀座に買い物に行ったとする。電車に乗っていたときはまだどこの店に行くか決めていなくても、数時間後にはどこに行くか、何をしているのか、その座席の痕跡から分かってしまう。

さらに、あなたを通して、あなたの家族のことも分かる。すでに亡くなっているお祖父さんが生きていたときに何をして、何を考え、どんなことがあったか分かる。

多分あなたはひどく驚くだろうし、霊能力のように思うだろうが、これはそんなに珍しい能力ではない。訓練すればできる能力だ。確かに面白いし、楽しいし、役に立つ。

なぜこんなことが可能なのか。肝心なのは、どうしたらできるようになるのか。背景にちゃんとした論理がある。

すべてはあなたの中にある

過去に生きたすべての人間の経験、考えたこと、覚えたこと、勉強したこと、体験したこと、感じたこと、ありとあらゆる感情、記憶は、あなたの心の中にある。信じられないかもしれないが、あなたの心には、全人類の過去のデータがそのまま入っている。あなたのお祖父さんも、お祖母さんも、親戚も、友人も、かれらの一年一年、一生のいろんな体験や感情や思考のすべてのデータが、パッケージになって収納されている。それはあたかも、ＳＤメモリーカードのように保存されているようなもので、しかも容量は無限大。アインシュタインの、ゴッホの、モーツァルトの、過去の全人類の記憶が、有名人だろうが、無名な人であろうが、全部そのまま保存されている。さらに、現在生きているすべての人の過去の経験が、実はあなたの心の中に、そのまま共有されている。

だからぼくたちは、あなたのことを知りたいと思えば、あなたの心の中にサイコダイビングしなくても、自分の心の中にダイビングして、アクセスする。そしてその空間で、問いかける。

「この人、どんな人?」

こうして情報をピックアップするわけだが、そのとき同時に不思議な意識が立ち上がる——ぼくはあなたを放っておけない、あなたはぼくだから。

これは「愛」ではない。愛とは、私とあなたが分離していることが分かった上で、「あなたが大好き」というアクションを起こし、想いを送ることだ。分かれているから、ひとつに合一しようとする感覚がはたらく。

あなたは私——これはまったく違う意識である。

「私の心」を「私のスマホ」と考える

人の心は、初めからひとつしか存在しない。これは宇宙の秘密だ。

「私の心」を「私のスマホ」と考えてみる。これは個人データだ。「あなたの心」を「あなたのスマホ」と考える。これも個人データだ。これは区分けができていて、私のスマホはパスワードでロックされているからあなたは読み取ることができないし、あなたのスマホも同様にロックされているから、私は読むことができない。

さて、私は、今日一日やり取りしたメールや撮影した画像を、夜になったらクラウド（cloud）空間にコピーしておく。クラウド空間のサーバーには、ロックされた私の個人情報が永遠に保存されているが、パスワードを知っていれば、だれでも簡単に閲覧できる。それはスマホの個体認識ではなく、サーバーへのアクセスだから、スマホが違っていることはなんの問題にもならない。パスワードが共通すればいいだけの話だ。

微妙な点がある。情報を記憶させておくクラウド空間のサーバーのマシーンは一台しかない。過去の人類も、今の人類も、これから生きていく人類も、実は、単一のクラウド空間のたった一個のサーバーに、全情報を上げている。だからスマホが壊れても、パスワードを覚えていれば、新しく買いなおしたスマホに、そのまま過去の全部の写真やデータをダウンロードできる。機械は新品となり、データは今までどおりだ。

これは、生まれ変わりの輪廻転生の話に似ていないだろうか。

ぼくはそのものだと思う。

赤ん坊は新品のスマホとして出てくる。しばらくたったら、過去世のデータ履歴をすべてダウンロードして集め、それがオリジナリティになる。あなたの肉体であるスマホはいつか壊れ、使えなくなり、処分される。でも、そのデータは消却されずにひとつのサーバーに保存され、新しい肉体にダウンロードされる。新品の肉体には、過去の履歴がすべて重なって入っている。

ユングはこのサーバーを「集合的無意識」と名づけた。

「世界全体が幸福にならないうちは　個人の幸福はあり得ない」

無意識は万人に繋がっている。でも、あなたは無意識という言葉の本当の意味を分かっているだろうか。

人の心はひとつだ。これは抽象的な意味でひとつと言っているのではなく、「人類はいつかひとつに繋がっていこう」と主張しているのでもない。本当に、人の心は具体的に一個しかないのだ。

ぼくたちはこのひとつの心ですでに繋がっている。あなたの心の中には、ブッダがいる、キリストがいる、天照大神がいる、ラーマクリシュナがいる、パラマハンサ・ヨガナンダがいる。これは、すばらしいことだ。あなたが会いたい人にいつでもアクセスできる。


ヨガナンダの映画、「永遠のヨギー」にとても素敵な話が紹介されていた。

その人には大好きなヨギ・マスター、師匠がいたが、その師匠が亡くなってしまい、悲しんでいた。その後、新しい先生の下で修練を続け、その先生に言う。

「またいつかあのマスターに会いたいと思っているのです」

するとその先生は、「えっ！」と、驚いたような顔をしてこう返す。

「あなたがいまおっしゃった聖者、マスターは、あなたの目を通して、いま私を見ています」

あなたの中には、過去に生きてきたすべての人がいる。ユングのいう集合的無意識とは、こういうことだと思う。

でも、あなたはこう問うかもしれない。

「……私は数学も物理学も嫌いだけれど、私が思うだけで、ハイゼンベルクとか、パウリとか、量子力学の式が私の頭の中から出てくるというの?」

そのとおり。これが超能力の源であり、どこかで、誰かができたら、あなたもできるということ。ひとりの人間の経験は全人類に及んでいる。

すべては他人事（ひとごと）なんかではない。あなたは私。だから、あなたも私も幸せになっていく。ひとつだけ分かっていればいい。

「あなたは私です。愛で助けるつもりはありません。でも、放っておくわけにもいきません」

人の心がひとつのサーバーで全部繋がっているとしたら、愛なんかなくたって、ヒーリングしようという気持ちが起きる。あなたの体は私の体であり、あなたの心は私の心である。あなたが病気であるとき、私も病気になっている。あなたが腰痛をわずらっているとき、私も腰痛になっている。人の心がひとつのサーバーで全部繋がっている。これはまさしく全体集合だ。
すると、宮沢賢治の言葉が初めて納得できる。

「世界全体が幸福にならないうちは　個人の幸福はあり得ない」（「農民芸術概論綱要」）

賢治が見ているものは、国家論でも政治経済論でもない。マインドという時空において見た幸福論だ。人の心がひとつであるならば、全体ごと救っていくしか方法はない。だから賢治は人に関わろうとした。理由なんてないし、おせっかいでもない。放っておくわけにはいかないし、拒絶もできないと分かっていたのだ。なぜなら、あなたは私だから。この意識が分かったとき、垣根を飛び越えることができる。
あなたが人をヒーリングするとき、思い出してほしい。世界の構造がそうなっていることを。これは全体集合なのだ。これで生き方も変わるはずだ。

21・天使になる刻印

雲からも風からも
透明な力が
そのこどもに
うつれ

「あすこの田はねぇ」

人間の本性は善である

中国では伝統的に性善説と性悪説があり、人間の本性は善なのか悪なのかをずっと議論の対象にしてきた。

人の存在は悪か、その本質は汚れか。だとしたら、そこにアートは存在しない。元がただの炭素だったら、磨いても真っ黒にしかならない。でも同じ炭素でも、磨けばこのうえなく光る存在、ダイアモンドになる。人類は磨けば光るダイアモンドとして生まれてきたはずだ。

能天気に生きられる人は幸せだ。安定と豊かさの中に生き、病気にもならず、苦しんでいる身内もいない。仕事もうまくいき、困っていることもない。あなたはなんとラッキーな存在だろう。

でも、世の中のほとんどの人はラッキーではない。生活も大変で、裏切られたり、騙されたり、困らされたり、周りには嫌な奴が星の数ほどいる。渡る世間は鬼ばかり。仕事もうまくいかず、愛も破綻し、家族は崩壊し、目標と意味を見失って生きていく。

自分を振り返ってみると、なんであいつだけうまくいって、俺はこんな目にあっているのか、あいつのせいで俺はこんなになった――そんな情報とマインドがあなたを黒い炭素のような存在にしている。同じ炭素をダイアモンドに変えないといけない。人類が生まれたプロセスに、人類は最初から善なる存在だったという証拠があるとしたら、あなたの世界観はどう変わるだろう。

人類ネオテニー説

ヒト以外に、生まれてからこんなに長期にわたる庇護が必要な動物はいない。乳をもらい、寝かせてもらい、服を着せてもらい、守ってもらい、独り立ちできないほぼ三年間の乳幼児時代に、母なり誰かなりの庇護を受けて、生き延びてきた。ぼくたちがいま死んでいないということは、この三年間をだれかに守られて生存してきたと言える。そうでなかったら確実にぼくたちの命はなかっただろう。ヒトはほかの動物と違って、生まれてすぐ歩くことすらできないのだから。

人類は「サル」から幼形進化（ネオテニー）した生き物だという。一九二〇年、オランダの生物学者ルイス・ボルク（一八六六〜一九三〇）は、「人類ネオテニー説」という仮説を提唱した。

「ネオテニー」というのは生物学用語で、子どもの期間が長く、子どもの特徴を残したままゆっくりと成熟することを言うのだが、チンパンジーの幼児の外観が人類そっくりであるというところから、ヒトはもともとチンパンジーのネオテニーではないかと考えた。またミトコンドリアのＤＮＡ解析によって、ヒトに最も近い類人猿はチンパンジーで、その分岐時期は約五百万年前、アフリカに起源すると結論づけられた。近年になってこの仮説は有力になっている。

人間を他の類人猿と比較すると、チンパンジーの胎児・幼児の姿によく似ているのが分かる。きゃしゃな顎骨、薄い体毛、首からほぼまっすぐ立っている顔。それがどういうわけか、サルの姿に向かわなかった。本来、体毛がふさふさとなり、顎が発達し、サルの姿に成長していくはずなのが、未熟児の段階で成熟し、そのまま生き延びてしまった突然変異なのである。しかも、生まれたばかりのときは、動けない、歩けない、餌を自分で獲得できない、守ってもらわないといけない無力な生命体だ。この後、三年もの長い育児期間が必要となる。

渡る世間に鬼はなし

サルがホモ・サピエンスになった頃、たいした脳も文化もなかった時代に、この突然変異種はこの三年間をどうクリアして生存してきたのだろう。

この無力な赤ん坊は見捨てられなかった。動物の世界では変な子だといって殺されてしまってもおかしくないが、母親も仲間もこの赤ん坊を殺さなかったし、長期の育児も放棄しなかった。約五百万年前にアフリカで起きたであろうこの奇跡は、ぼくたちの無意識の始まりとして素敵な原型をつくっている。

後に人類は進化の過程で、この三年間の保育期間に言語を習得しながら脳が発達していく。そして言語が話せるようになったら、これが基本OS（オペレーティング・システム）になり、自我が動き出し、我を確立していく。ここで一番重要なのは、根源にある潜在意識のほとんどはこの三年間の体験からきているということだ。これがイニシエーション（通過儀礼）となっている。この三年間、「私」のことを放置せずに育ててくれた人がいたという記憶、それは紛れもなく、無条件の愛を受けてきたという記憶である。

この記憶が人間の基本セッティングとなる。だからバース・トラウマ（出生時の心の傷）なんていう出来事はショックを伴う不幸だったかもしれないが、さほどのことではないと思う。生まれたあとは、ゆっくりと、三年間も、自分以外の存在を感じ、守られ愛されているという無条件の愛が刻印されていくわけだから。そして自我が育ったとき、「私は愛されている」という基本の無意識が完成する。

この未知の三年間は、我と世界に対して、「私は生きていてよかった」、「ここにいていいのだ」というセルフの思いを育くみ、「渡る世間に出会う人たちは私をケアしてくれたいい人たちだ」という思いを刷り込んでいる。そうでなかったら、ぼくたちはいまこうして大人になっていない。

つまり、この最初の三年間は、人間を天使体に育てる期間であり、善なる存在の証となる刻印である。無条件の愛によって生かされた天使体――動物の心を捨て、愛に包まれた善なる存在の登場である。人類になって得た笑顔はその究極の印であろう。これが今のぼくたちの基本設定であり、これから先、世界に出ていくときの対人関係のベースになりうるものだ――渡る世間に鬼はなし。自分が愛されて、守られて、無条件に育てられたエデンの園があったのだ。

生き延びたということは、全員がこの刻印を合格証として受け取ったということで、そのあとの体験がどれほど悲惨であろうとネガティブであろうと、あなたの脳に最初に刻印された無意識は、「良い人間になります、ありがとうございました」という倫理観と価値観を、生得的に、強制的に身につけさせる。これはまさに聖なるイニシエーションである。本当はこの考えが心理学のベースにあるべきだと思う。

人類は、幼形のまま成熟したことで動物が本来持っている本能を壊してしまったが、そのかわり脳を高度に進化させてきた。その後天的学習の始まりが聖なる三年間の学習であり、我々を本来天使にするべく良い体験が、全員にビシッ、ビシッと入れられ

「眠る赤ちゃん」
（©「123RF」）

ている。

これが、これまで明かされていなかったパンドラの箱である。


良い人間になります。ありがとうございました。


「良い人間になります。ありがとうございました」

このマントラは船井幸雄先生が言い出した言葉だが、本当に良く効く。この言葉を発するだけで、頭頂のチャクラが開き、オーラの汚れは一掃される。頭頂のチャクラを通して神と繋がるわけだから、人は生まれつき善なる存在なのが分かるだろう。

あなたの無意識の奥にある天使体になる刻印――これは、いま生きているという確かな証であるが、神様と繋がっていることも印（しる）している。

「良い人間になります。ありがとうございました」

このマントラを言うたび、あなたのオーラは光り輝く。

渡る世間に鬼はなし。

だから、あなたは世界に天使の笑顔を向けるのだ。

22・想像は創造の始まり

宇宙は絶えずわれらによって変化する

「生徒諸君に寄せる」

身密・口密・意密

どんな人も「思いの力」を持っている。それは心に描くことによって外の世界をつくり替えようとする力であり、この力はあなたが思っているほど弱くはない。では、何をすればいいのだろうか。

空海さんが見つけた「三密加持（さんみつかじ）」という究極の方法論がある。三つの密、「身密（しんみつ）」「口密（くみつ）」「意密（いみつ）」で加持するというもの。身体感覚で気のエネルギーを体得するレベルを「身密」、言葉がエネルギーと結びつくレベルを「口密」、そしてイメージが身体感覚の回路と結びつくレベルを「意密」とし、この密にした状態の三つのチャンネルを同時に立ち上げ、気のエネルギーを加える（加持）ことで、能力が覚醒する、とした。これは師匠の矢山先生の『気の人間学』からのアイディアである。

まず身体感覚を使ってエネルギーを強め高めていく。この訓練が「気功」だ。高められたエネルギーは力となる。

次に「手からエネルギーが出る」と、手にエネルギーを感じながら言ってみる。すると何度も繰り返された言葉は条件反射をつくり、言葉を唱えただけで手からエネルギーが発生する回路を生む。すると、言葉を唱えること自体がエネルギー体験にもなっていく。

「私は日に日にあらゆる面で、ますます良くなっていく」

これは、精神療法家、エミール・クーエ博士（一八五七～一九二六）の有名な言葉だが、この文章の流れと意味自体に効果が生じている。こういう文章を「アファーメーション」という。この言葉を繰り返すことで暗示・催眠となり、これらがエネルギー体験に育っていく。

音の意味はあまり使わず、音声の振動そのものが波となり、エネルギー効果を発揮する場合もある。こちらは、マントラ、真言、言霊と呼ばれる。そのひとつの例が

「コソタクマヤタク」であり、「オン・シュダ・シュダ」だ。

さて、想像はさまざまな力を生む。

「意密」の力だ。「意密」を得るには、イメージ力が必要となる。それにはクリアなイメージを想い描く訓練をする。種々のノウハウがあるが、まずは単純に映像を想うことだ。慣れてきたら言葉をイメージ化する。例えば、「リンゴ」と言って、すぐさまリンゴの映像をつくり、「バナナ」と言って、バナナの映像をつくる。

そして「意密」の訓練へと進む。手から出している気の感覚と、頭の中の映像を繋いでみるのだ。

頭の中でひとつのクリアなイメージを思い描きながら身体感覚のスイッチを入れ、手のひらで気を感じてみる。

手からエネルギーを出すのだが、このときはあまり言葉では誘導しない。あくまでイメージを優先し、右脳に任せる。例えば「赤い色」なら、映像としての色彩を描き、明るさ、色調を感じてみる。このときに「赤い、赤い……」と言葉で言わずに、その色を直接想い浮かべる。これはあくまで右脳のイメージ処理であり、「意密」は映像と身体感覚の回路を繋げることだ。すると、映像を思うことがそのままエネルギー体験と化し、気のエネルギーに質感が生まれる。例えば、赤い色を想いながらエネルギーを感じると、手のひらがビリビリするような荒々しい気を感じる。スカイブルーを想うとスーッとする感じがある。黄金の光の輝きを想うとフワッとして、柔らかくて、温かくて、それでいてパワーを感じる。

大自然の風景を想い描いて、それを心の中でじっくりと味わってみよう。すると手のひらの気感がその色調に変化していき、まるでその場にいるのかと思われるような体感が生じる。

さらに頭で想い描くのではなく、いま体験している世界の風景を眺めながら、より深く感じたい、受け取りたいと思ってから、自分を受け身にして静かに待つ。そして手のひらの気感を立ち上げる。すると世界と我が交流し始め、エネルギーが外から流れ込んでくる。

手のひらでエネルギーボールをつくって感じると、大自然のエネルギーが丸ごとコピーされたかのように凝縮され、躍っているのが分かる。

「宇宙を僕の手の上に」

「存在の祭りの中」にようこそ。

どうなりたいか「イマジン」する

さて、今ここにないモノ、コトを想ってみよう。目を閉じて、何かを想う。ぼくたちは自由だから、なんでも想える。

ここにいない誰かを想ってみる。手からエネルギーを出す。その誰かを感じる。すると手のひらの内にその人がいる。

あのとき、あの場所であんなことがあったな、と手のひらの内で懐かしんでみる。少しずつイメージと力が強まっていく。それは私たちの心を育ててくれる。

同様に大きなモノを想ってみる。青空とか大海原とか山脈とか。そして手のひらでその気を感じてみる。体験したエネルギーが自身の中に流れ込んでくる。そのくり返しがあなたの心を大きく広げる。

宮沢賢治のように巨大な銀河系の渦巻きを想像してみる。そしてハートの中にそのボールを納めてみる。瞬間、胸のなかがフワーっと広がり、楽な気分になる。

明るく輝くモノを想ってみる。ローソクの炎とか、朝日や夕焼けの風景とか、水面にきらめく光とか、夜空に浮かぶ満月とか――。手からエネルギーを出し、そのまま静かに受け取る。それは万物を守り育てる力を生み、あなたの心を明るくしてくれる。

「大切なモノは、目で見えない」

サン＝テグジュペリが『星の王子さま』（岩波書店）で言っていた。

ならば、手のひらで気を感じながら、目で見えないモノを想ってみる。

「愛」「調和」「幸せ」「豊かさ」「元気」「安心」「信頼」「善」——何を感じ、何が見えるのだろう。

あのとき、どうしたかったのかな。あのとき、どうされたかったのかな。ただ素直にそう考えて、そう思って、そう口に出して、そう想像する。少しの勇気を出して、「ごめんな」とか「ありがとう」と心の中でつぶやいてみる。そのとき、手からエネルギーが出ればいい。

こうなりたい未来も見えず、ああすればよかった過去も見えない。でも、どうなりたいかを想ってみる。手からエネルギーを出して、ボールをつくって想えばいい。そうして、そのボールを大地に捨てる——母なる大地に任せるのだ。

私には、まだ無理かも。そんな気分なら、ボールをそっと胸にしまう。静かに育つように。

何にも見えない、できない。ただそれだけならば、優しくそっと天に浮かべるようにボールを放つ。神様が見ていてくれる。

いずれにしても大丈夫だ。ぼくたちは生きているのだから。


ジョン・レノンの「イマジン」のように、どうなりたいかを考えよう。そうして「イマジン」する。それはすでに、そこにあると。イマジンして、手からエネルギーを出してボールをつくる。そうしたら、見えなかったモノが手に感じられる――いまここにある。

手のひらで触れられるボールが今ここにある。ということは、目に見えない、なかったものが具現化したということだ。

これが「希望」だ。無から可能性を創る能力。

「希望」を持てないときはどうする?

そのときは、もっと簡単で、神仏、高次元存在の見えないものに丸投げさせてもらおう。それを「祈り」という。

とっておきの真言

人間の本質の能力は「希望」だ。そのためのとっておきの極意を最後に伝えたい。

空海さんの伝えてくれた最高のノウハウ、マンダラには、多くの神仏と共に地獄のような存在も一緒に描かれている。だから、そこに「人間」も描かれている。
「一切の人も皆、是れ曼荼羅の中の一種の聖衆なるが故に真言あるなり」(『曼荼羅経口伝』)

ナーマー　サーマンター　ブーダーナァーム　イッチャー　パラム　マヌマ
イェーメー　スヴァーハー

超訳というより創作に近いかもしれないが、こんなふうに訳してみた。
これが極意だ。

本来の「人間」に戻るための「諸人」の真言
この宇宙で最も希望溢れる存在、汝、人間よ。神仏のごとくあれだから、こう唱える。

「良い人間になります。ありがとうございました」

あとがき

多くの人や書物に導かれ、ここまで来ることができました。

私の師匠に当たる多くの方々には、おそらく意に添えず不義理をなし、不肖の弟子となったこと、その失礼をお許しください。特に今回、序文をいただいた矢山先生、先生がいなかったら私の現在はありません。本当に感謝しています。

また講座に参加して一緒に歩んできた仲間達、生徒さんにもお礼を申し上げます。そして、読んでくださった皆さん、ありがとうございました。とても信じられる話とは思えないでしょうが、ただ、考えて、感じてください。あなたの希望の扉が少しでも開かれることが、この本の願いです。

章タイトルの後に、私の好きな宮沢賢治の言葉を入れました。

どれも気が溢れている言葉です。賢治は気功の達人です。そんな思いを本の中に入れました。

「言の葉」のエネルギーを感じていただけたらと思います。

二〇一七年 八月吉日吉時

清水 義久

《参考資料》

『気の人間学』矢山利彦著（ビジネス社）
『直観力の研究』船井幸雄著（ＰＨＰ研究所）
『富の福音』アンドリュー・カーネギー著（きこ書房）
『資本論』カール・マルクス著（岩波書店）
『黄金比』スコット・オルソン著（創元社）
『あるヨギの自叙伝』パラマハンサ・ヨガナンダ著（森北出版）
『モモ』ミヒャエル・エンデ著（岩波書店）
『日本人の脳』角田忠信著（大修館）
『神機鈎玄』友清歓真著　天行居（古書）
『霊学筌蹄』友清歓真著　天行居（古書）
『この素晴らしき「気」の世界』（風雲舎）
『月刊少年ガンガン』「鋼の錬金術師」荒川弘著（スクウェア・エニックス）
『週刊少年ジャンプ』「ＯＮＥ　ＰＩＥＣＥ」尾田栄一郎著（集英社）
『テロメア・エフェクト』エリザベス・ブラックバーン、エリッサ・エペル著（ＮＨＫ出版）
『星の王子さま』アントワーヌ・ド・サン＝テグジュペリ著（岩波書店）
『宮沢賢治全集』（筑摩書房）
『高次元気功１』『高次元気功２』『高次元気功３』ＤＶＤ清水義久講演（株式会社大和）
『八大童子』ＤＶＤ清水義久講演（株式会社大和）など。

清水義久（しみず・よしひさ）

1962年生まれ。気功家。少年の頃、中国の歴史に興味を持ち、気功の存在を知る。矢山利彦氏の気功をはじめ、中国気功、レイキ、古神道などを学び、実践と知識から「気」を追及すること30年。さらに真言密教、陰陽道、仙道、道教、レイキ、九星気学、断易、周易、ユダヤ秘教、西洋占星術、タロット、宿曜占星術、バッチ・レメディの他、心理学、哲学など、幅広い分野に精通し、独自のスタイルのセミナーを20年以上開催している。本書は、前著『この素晴らしき「気」の世界』（小社刊）に続く第二弾。ほかに、『「出雲の神さま」にまかせなさい』（大和出版）、『お金と幸運がどんどん舞い込む！ 神様に願いを叶えてもらう方法』（宝島社）など。

facebook:この素晴らしき「気」の世界

山崎佐弓（やまざき・さゆみ）

福島県いわき市生まれ。山梨県北杜市在住。東京女子大学文理学部卒業。ホロトロピック・ネットワーク会誌『まはぁさまでぃ』編集制作。フリー編集者。

あなたは私　私はあなた

初刷　2017年9月6日

4刷　2018年3月26日

著者　清水義久

発行人　山平松生

発行所　株式会社 風雲舎

〒162-0805　東京都新宿区矢来町122　矢来第二ビル

電話　〇三-三二六九-一五一五（代）

FAX　〇三-三二六九-一六〇六

振替　〇〇一六〇-一-七二七七六

URL　http://www.fuun-sha.co.jp/

E-mail　mail@fuun-sha.co.jp

DTP　中井正裕

印刷　真生印刷株式会社

製本　株式会社 難波製本

ISBN978-4-938939-90-8

（風雲舎の本）

この素晴らしき「気」の世界

気と繋がる、あなたは今を超える！

（語り）清水義久

（聞き書き）山崎佐弓

気を読み、気を動かし、事象を変える
新進気功家の「気」ワールド。
気の向こうに精霊が舞い降りる22のストーリー。

1．政木和三先生の無欲の大欲
2．宇宙そのものになった人（植芝盛平の強さの秘密）
3．出口王仁三郎の耀盌（ようわん）
4．一千年先を信じた男（鑑真和上のエネルギー）
5．植物に愛された男（ルーサー・バーバンクの祈り）
6．本物の神様遣いみたい（矢沢永吉さんの器）
7．あるウエイターのまごころ
8．片岡鶴太郎さんの「ありがとう行」
9．一千万円の言挙げ
10．ごはんの祈り（自分で幸せになるために）
11．肉体は考える（角膜が祈ったこと）
12．笑いは最強の力
13．マイケル・クライトンの憑依霊（不幸はあなたを守る）
14．ニコチンは霊を引き寄せる
15．宝くじに当たる秘密
16．モノは心を持っている
17．「スター・ウオーズ」の魔術（成功のしかけ）
18．ハリウッド男優もオチるモテ術
19．コソタクマヤタク
20．「あけましておめでとう」という呪術
21．この世の中、エネルギーだけでなんとかなるほどすてき！
22．土星の時代がやってくる

46判並製（本体1600円＋税） ISBN978-4-938939-85-4